动作技能发展对自闭症儿童感觉统合能力的影响研究

李继辉　著

九 州 出 版 社

JIUZHOUPRESS

图书在版编目（CIP）数据

动作技能发展对自闭症儿童感觉统合能力的影响研究 /
李继辉著. -- 北京：九州出版社，2024.6. --ISBN
978-7-5225-3019-2

Ⅰ．G766

中国国家版本馆 CIP 数据核字第 2024PC5970 号

动作技能发展对自闭症儿童感觉统合能力的影响研究

作　　者	李继辉　著	
责任编辑	杨鑫垚	
出版发行	九州出版社	
地　　址	北京市西城区阜外大街甲 35 号 （100037）	
发行电话	（010）68992190/3/5/6	
网　　址	www.jiuzhoupress.com	
电子信箱	jiuzhou@jiuzhoupress.com	
印　　厂	永清县晔盛亚胶印有限公司	
开　　本	787 毫米×1092 毫米　16 开	
印　　张	11.25	
字　　数	151 千字	
版　　次	2024 年 6 月第 1 版	
印　　次	2024 年 6 月第 1 次印刷	
书　　号	ISBN 978-7-5225-3019-2	
定　　价	68.00 元	

前 言

  自闭症，又称孤独症，是一种广泛性神经发育障碍，其核心症状表现为社会沟通障碍及重复刻板行为。近年来，国内外研究表明：自闭症儿童普遍存在动作技能发展障碍，研究者称其为自闭症的伴随障碍。人最初是通过感觉来感受外界的信息，并通过自己的动作来作用于外部世界的。随着生理和心理的不断成熟，儿童会把从各种渠道获得的感觉信息进行综合，并把感觉与动作加以整合来应对环境。自闭症儿童的大脑神经系统若无法对从感觉通道进入的外部刺激信号进行有效组合，无法统合或控制身体的各个部位或器官，就会导致其身体动作不协调，行为上出现各种障碍，甚至在人际交往、学业完成及环境适应等方面出现各种问题，而未经干预的动作技能发展障碍可长期存在并影响自闭症儿童的社会化。因此，本书致力于研究动作技能发展对自闭症儿童感觉统合能力的影响。

  本书共七章，围绕自闭症概述、自闭症的病因与干预问题、自闭谱系障碍干预的多层架构、自闭症儿童的感觉统合教育、自闭症儿童的感知觉训练、自闭症儿童的动作发展与教育、自闭症儿童社会交往能力的发展与教育等内容展开。本书聚焦国内自闭症儿童现状，探讨了动作技能训练和感觉统合教育对自闭症儿童的作用和影响，不仅致力于理论探讨，更希望提供现实指导，为相关人员全面了解自闭症儿童的动作发展提供窗口，为改善自闭症儿童感觉统合能力打下基础，为自闭症儿童教师培训及教学提供参考。

目 录

第一章　自闭症概述

第一节　自闭症的概念

对于很多普通学校的教师和父母而言,何谓自闭症还不是一个太明确的概念。社会上对自闭症的解释也较为笼统或者缺乏统一的观点。因此,本节将首先对相关概念进行解释说明。

一、官方的界定

1991年美国教育部将自闭症界定如下:自闭症是一种广泛性发育障碍,对言语性和非言语性的交流以及社会互动产生显著影响,通常在3岁前发病,并且会对教育产生不利的影响。自闭症男孩出现率比女孩出现率高出4～5倍。这种笼统的界定向我们传递了两个重要信息:第一个指出自闭症是一种发育障碍,而且是广泛性的发育障碍,在心理发展的多个方面存在障碍;第二个指出自闭症的起病年龄在3岁之前。所以,一些教师或者父母经常用这两个信息作为标准去衡量孩子是不是患有自闭症。

美国精神医学协会的诊断标准当中则提到:在下面(1)(2)(3)所列情形中,一个儿童要合计符合六项,且其中至少两项属于(1)、一项属于(2)、一项属于(3),方可被诊断为自闭症。

(1)在社会性互动方面有质的障碍,至少有下列情形的两项:

①在运用各种非语言的行为上有显著的障碍,例如用以规范社会互动的眼睛注视、面部表情、身体姿势、手势等;

②不能发展出适当的友谊;

③不能自发地与人分享喜悦、兴趣或成就,例如不会向人展示个人所

带来的东西或指向个人所感兴趣的物品;

④缺乏社会性的或情感上的互动。

(2)在沟通上有质的障碍,至少有下列情形的一项:

①口语发展迟缓或完全没有口语能力;

②已经发展出适当语言的儿童,他们在与人交谈时仍有旧很难打开话头或者使交谈持续下去;

③刻板地或反复地使用语言,或者以其个人专属的特别方式使用语言;

④缺乏与其智力发展程度相当的各式各样的自发性的假扮游戏以及模仿性的社会游戏。

(3)在行为、兴趣、活动方面有狭窄的、重复的、刻板的表现,至少有下列一项:

①偏好一种或多种刻板且狭窄的兴趣,然而无论是就兴趣的强度还是兴趣的集中度来说都是不正常的;

②毫无弹性地执着于特定的、非功能性的日常事务或者仪式;

③刻板且重复的动作习惯,例如拍手、扭手指、全身抖动;

④对于物品的各种附件有着持久的偏好。

另外,3岁以前在下列领域中至少一项迟缓或者有功能上的异常:

(1)社会互动;

(2)沟通时的语言使用;

(3)象征性或想象性游戏。

该标准虽然比美国教育部的界定更为准确和具体,但是早在1982年,美国精神医学会出版的《精神异常诊断和统计手册》(第三版)中就已经提出自闭症与精神病症无关,而将自闭症列入了广泛性发育障碍中。所以,这样的诊断标准虽然较为具体,同时也存在误导教师、家长或者社会人士将自闭症认为是精神障碍的情况,甚至由此对自闭症采取隔离和拒绝的态度。

二、学术观点

1943年,美国临床心理学家肯纳第一次对自闭症进行命名,并对其进行了详细描述:

(1)无法与他人及情境建立关系,喜欢自我满足,喜欢一个人独处,行为旁若无人,完全忘记自己,缺乏正常的社会行为。

(2)一般4个月大的儿童,当父母要抱他时,能主动调整动作等待拥抱,但是这群儿童在2岁或者3岁时仍无法发展出期待被父母拥抱的动作。

(3)语言发展迟缓,能命名物品,强记物品名词的能力好,但无法正常使用语言。到了2岁或者3岁时,所运用的字词、数字就像无意义的音节,完全不是为了达到语言沟通的目的。当具有组合句子的能力时,说话却经常像鹦鹉学舌般重复句子,有时会立即仿说,有时则延迟仿说。另外,代名词反转经常出错。

(4)喂食有困难,对太大的声音或者移动的物体有害怕的反应。

(5)表现出单一重复的行为,缺乏自发性的活动,强烈想要维持同一性。当改变作息时间、家具摆设位置时,会表现出强烈的抗拒行为,直到物品恢复原状才能够平息情绪。

(6)喜欢旋转物品,尤其对有兴趣的物品会玩弄几个小时,但是兴趣和玩弄方式与同年龄儿童有较大差异。

(7)不懂得建立伙伴关系,喜欢一个人玩弄玩具。

(8)喜欢注视人的照片,而不是人本身。

(9)有良好的认知潜能,生理发育正常。

此后,有学者提出自闭症儿童有14项行为特征,包括:不易与其他儿童混在一起玩;听而不闻,好像聋哑人;抗拒学习;不害怕危险;不能接受作息的改变;用手势表达需要;不当地发笑和傻笑;不爱被拥抱;明显的过动;没有眼神接触;不当地依恋某些物品;旋转物品;持续怪异的玩法;冷漠的态度。

《特殊教育辞典》指出,"自闭症"又称"孤独症",是一种发生于3岁前儿童的较严重的发育性障碍。主要表现为以下几方面:

(1)社交困难。例如:特别喜欢孤独,缺乏与他人的情感交流和对家长的依恋,对外界刺激无动于衷。

(2)言语发育迟缓。例如:社会交往中很少使用言语,有的代词颠倒、言语奇特、言语的可懂性差。

(3)刻板或仪式性行为。例如:强迫性坚持行为的统一形式,若被改变则产生强烈的焦虑反应[①]。

综上所述,自闭症又称孤独症、幼儿自闭症、儿童期自闭症、肯纳自闭症、肯纳症候群、幼儿精神病,是一种发生在3岁以前的广泛性发育障碍,主要表现为言语发展迟缓、行为异常、社交困难三个方面(排除阿斯伯格综合征、智力障碍、精神障碍等其他障碍群体)。

第二节　自闭症的诊断

现实生活中,教师和父母只能够发现儿童有疑似自闭症倾向,却没有能力做出诊断。鉴别和诊断自闭症的工作是由医生来做的,教师则可以进行评估。但是,作为一名教师也要具备一般的鉴别能力,对于集体中的个别儿童所表现出的异常行为要给予关注以及适当的观察,可能时应尽早建议父母带孩子就医,做到尽早发现,尽早干预。

一、自闭症的诊断标准

自闭症的诊断项目主要包括三个方面:心理学检查、基本检查(精神状态检查、语言能力检查、自我照顾能力以及社会适应能力评估)、特殊检查(发展测验、智力测验)。

自闭症的诊断工具包括:基本身体检查、神经学检查工具;自闭症评

---

① 朴永馨.特殊教育辞典[M].北京:华夏出版社,2006.

量工具(克氏行为量表);发展能力评量工具(婴儿发展测验、学龄前儿童行为量表、标准化智力量表、其他语言或社会适应评量工具)。

具体的诊断标准主要依据目前世界卫生组织出版的《国际疾病和相关健康问题统计分类》(第十版)(International Statistical Classification of Deseases and Related Health Problems,ICD-10)以及美国精神医学会出版的《精神异常诊断和统计手册》(第四版)(DSM-Ⅳ)和第四版正文修订版(DSM-Ⅳ-TR)。这些文件对自闭症的诊断基本相同,具体而言主要包括以下几个方面。

第一,3岁前,在下列领域中至少有一项明显出现异常或者发展受阻。

(1)社会沟通中所使用的接收或表达语言。

(2)选择性社会依恋或互惠式社会互动的发展。

(3)功能性或象征性游戏。

第二,在下面(1)(2)(3)中总共至少出现六项,其中(1)至少两项,(2)和(3)至少各一项。

(1)互惠式社会互动方面有质的异常,下列领域中至少出现两项:

①无法适当地用眼睛的注视、面部表情、身体姿势以及手势去规范社会互动;

②无法发展同伴关系(指心智年龄适当的儿童,并有充足的机会),包括互惠的分享兴趣、活动和情绪;

③缺乏社会情绪的互惠,表现在对他人的情绪反应异常,或无法根据社会情境调整行为,或社会、情绪和沟通行为的统整性薄弱;

④缺乏自发性地寻求与别人分享快乐、兴趣或成就的能力(指缺乏展示、拿有兴趣的物品给别人看的能力)。

(2)沟通方面有质的异常,下列领域中至少出现一项:

①口语的发展迟缓或完全缺乏,不伴随企图用手势或模仿来作为沟通的替代方式;

②当和他人沟通进行互惠式应答时,相对地无法引发或维持对话;

③用语固定和重复,或使用特异的字或词;

④缺乏变化、自发性的假装或者社会性的模仿游戏。

(3)行为、兴趣和活动方面,表现出有限、重复和固定的模式,下列领域中至少出现一项:

①心神被一种或多种固定、有限模式的兴趣所霸占,在内容和焦点上显得异常;或者在一种或多种兴趣上,强度和界限的性质上显得异常。

②明显地强迫性坚持某种非功能性的作息或仪式。

③固定和重复的动作怪癖,包括手或手指头拍打或扭转,或者复杂的全身动作。

④心神被部分物品或玩具中的非功能性成分所霸占,例如:气味、表面感觉或者产生的噪音和震动。

第三,不是因为其他不同种类的广泛性发育障碍所引起,例如:雷特综合症、早期精神分裂症、智力障碍等。

二、自闭症的障碍等级

自闭症的障碍等级,大致可以包括极重度、重度、中度、轻度四类。

(一)极重度障碍

缺乏生存能力,社会功能有严重障碍。此类自闭症人群从完全缺乏生活自理能力至仅能获取食物,若无人照料则难以生存;大都处于自我刺激或反复工作状态,几乎完全缺乏与他人互动的能力;未达到学龄期的此类自闭症人群,其生活自理与社会性发展商数为 30 以下。

缺乏有意义的语言沟通能力。此类自闭症群体最多仅能理解极少数与生活有关的事物;表达方面最好者也只能以推拉等肢体动作或怪异行为来表达需要,极少数人具有仿说能力。未达到学龄期的此类自闭症人群,其语言发展商数为 30 以下。

(二)重度障碍

家庭适应能力只有部分表现,社会功能有障碍。此类自闭症群体具备部分生活自理能力(须提示或协助),能被动参与少数熟悉且固定的团体活动,几乎无工作适应能力;常常处于自我刺激、发呆或反复动作状态,仅对强烈的、新奇的或熟悉的外来刺激有反应。未达到学龄期的此类自闭症群体,其生活自理与社会性发展商数为30~50。

沟通能力方面具有显著的偏差与迟滞,以仿说、推拉以及不易了解的生气、怪异行为为主要表达方式,可以表达少数日常生活需要(吃、喝、出行)。此类自闭症人群理解能力仅限于较常接触的事物;表达能力最多只能以单字或词汇主动表达少数基本需要,但可以主动或被动地仿说词或句子。未达到学龄期的此类自闭症群体,其语言发展商数为30~50。

(三)中度障碍

学校或工作适应能力有部分表现,社会功能有障碍。此类自闭症群体具备完全生活自理能力,能遵守部分学校规定,也能够学习部分课业,或者在庇护性情境中从事单纯反复性工作,但是只有少数个体会主动与人互动,当别人主动时则可能以正常或怪异固定的方式回应。未达到学龄期的此类自闭症群体,其生活自理能力与社会性发展商数为50~70。

具有简单对话能力,但语言理解与表达均有明显的偏差。此类自闭症群体对于有兴趣的问题、熟悉的问题,可以主动或在提示之下发问,发问的语句常是短句、固定、反复、怪异的;对熟悉的语句仍夹杂仿说和代名词反转现象(但少于50%);可以用句子或词语表达部分生活上自己的急迫需要。未到达学龄期的此类自闭症群体,其语言发展商数为50~70。

(四)轻度障碍

社会功能近乎正常,轻度障碍。此类自闭症群体通常具备完全生活自理能力,学校学习和一般学生相似,可以在保护性环境下工作,与人也能有情感交流,但仍然表现出过分依赖、退缩,或者过分友善、多话、开放的行为,同时其生活自理能力与社会性行为发展商数达70以上。

语言功能近乎正常,轻度障碍。此类自闭症群体语言理解与表达能力可以符合家庭、学校、工作生活的基本需要,但较一般人而言较为逊色;

语法结构正常,但是使用的情境不甚恰当;词汇较少、句子较短或像背书一样;聊天、讲笑话等能力较差;谈话时缺乏主动性或者少"听"对方内容而做出反应,反应可能离题,谈话中断时缺乏使谈话继续下去的能力。未达到学龄期的此类自闭症群体,其语言发展商数达 70 以上。

三、自闭症的诊断人员

根据不同国家或地区有关特殊需要儿童鉴定人员的规定,有关自闭症儿童的诊断人员可总结为以下几个类别:

(1)制定有关自闭症儿童诊断政策或设计有关程序的行政人员;

(2)具有相关专业资质的专业人员,包括语言治疗师、物理治疗师、运动康复师、职业治疗师等;

(3)特殊教育学校的教师或主要负责人;

(4)实施诊断的医疗人员或工作者;

(5)被诊断者的监护人。

除此以外,各类幼儿园、学校内部都应该设立专门的特殊需要学生委员会,主要负责工作包括特殊教育工作规划、执行和宣传。主要目的是能够做到尽早筛查与早期干预,为自闭症儿童提供切合需求的学习支持。

至于有关自闭症儿童的诊断,除了专门的量表以外,还可以通过直接的观察、访谈等方式对儿童的行为进行记录,建立学习档案,以便可持续性地监控儿童的行为表现,为进一步的诊断奠定基础。

四、自闭症的诊断流程

自闭症的诊断流程大致包括以下四个方面。

(一)发现阶段

幼儿园中的教师或者儿童的父母以及其他社区人员,如果在生活中发现儿童在沟通、社会交往或者情绪与行为方面出现异常,甚至是与同年龄儿童相比,在心理表现方面有较大差异,都可以直接向医院提出诊断要求,或者建议父母向医院提出咨询。一般都是由父母带领儿童到指定的儿童医院或妇幼保健院进行医学鉴定。

（二）筛选鉴定

由专门的医生负责对儿童进行标准化测验,例如:韦氏智力测验、韦氏幼儿智力量表修订版、瑞文推理测验。除此以外,还包括非正式的评量,例如:观察儿童的表现、家庭访问、教师和父母的访谈、教师评量、成绩单、行为检核表等。

（三）初步安置

经过筛选鉴定以后,被列入特殊需要范畴的儿童将接受新的转介与教育安置,其中包括融合幼儿园、特殊教育学校、康复机构等。安置之初,教师或教育部门要听取父母对安置结果的意见。

（四）制订个别化教育计划

个别化教育计划(Individualized Education Programs,IEP),是指运用专业团队合作的方式,针对身心障碍学生个体差异所拟定的特殊教育及相关服务计划。学校或者机构应该在开学后一个月内拟定个别化教育计划,并且每学期至少评估一次。个别化教育计划的主要内容如下:

(1)学生认知能力、沟通能力、行动能力、情绪、人际关系、感官功能、健康状况、生活自理能力、语文、数学等学业能力的现况;

(2)学生家庭状况;

(3)学生身心障碍状况对其在普通班上课以及生活的影响;

(4)适合学生的评量方式;

(5)学生因行为问题影响学习者,其行政支援以及处理方式;

(6)学年教育目标以及学期教育目标;

(7)学生所需要的特殊教育以及相关专业服务;

(8)学生能参与普通学校的时间以及项目;

(9)学期教育目标是否达成的评估日期以及标准;

(10)儿童在转衔阶段的需要,包括升学辅导、生活、就业、心理辅导以及其他相关专业服务。

第三节　自闭症儿童在特殊教育学校的教育安置

一、自闭症儿童在特殊教育学校教育安置受限的原因

(一)特殊教育学校课程设置无法满足自闭症儿童的需要

在特殊教育学校的课程设置中,优先考虑的是大部分的特殊儿童。由于自闭症儿童在分班时较为分散,相对于班级人数较少,导致特殊教育学校在课程安置上也是优先选择符合大部分特殊儿童需要的课程,加上特殊教育学校一般是仿照普通小学的课程设置,所以课程的设置多以语文课、数学课、英语课等一系列文化课为主,考核也多以纸质的书面考核为主。

(二)特殊教育学校课堂教学对于自闭症儿童来说过于单一

特殊教育学校普遍拥有资源教室,自闭症儿童在资源教室进行学习时需要单独进行训练教育,从而达到康复的目的。而实际执行中相对于班级中的特殊孩子,自闭症儿童人数较少,所以教师对于自闭症儿童的关注力较弱,无法满足自闭症儿童需要个别化辅导的要求。一些特殊教育学校虽然针对自闭症儿童的个别化教育训练编写了个别化教育训练方案,但是由于学校教师专业知识技能缺乏和家校联系不足,导致其编写的方案大多流于形式。

(三)特殊教育学校教师专业能力与专业知识良莠不齐

在特殊教育学校的教师专业化问题中主要问题为部分教师是从普通小学调任而来,对于特殊儿童的教育训练方案学习不足,即使有相关教育经验的教师也多以培智专业教师为主,因此导致特殊教育学校教师对于自闭症儿童的评估和干预手段不足。

（四）特殊教育学校家校联系对于自闭症儿童的限制

自闭症儿童普遍存在社交障碍，在沟通交流方面很难与老师和家长进行交流。而特殊教育学校又没有或很少设置家长与教师、学校交流的环节，所以导致家长与教师双方都难以完全掌握和了解自闭症儿童的情况。

二、自闭症儿童在特殊教育学校的教育安置模式

（一）优化课程设置，实现课程合理化

特殊教育学校的教育对象日趋复杂多样，所以原本一成不变的课程设置需要顺应时代的发展而变化。特别是在针对自闭症儿童的教育中，特殊学校的课程设置往往达不到自闭症儿童需要的个别化教育，所以，特殊教育学校要努力改变课程设置，尽量多考虑自闭症儿童的教育实际，多设置对于自闭症儿童有利的诸如律动课、模仿课等课程，从而达到优化课程设置，实现特殊教育学校课程设置对于自闭症儿童的合理化。

（二）提升课堂气氛，实现课堂多元化

特殊教育学校教师在进行课堂教育时，可以在遵循一般性教学原则的基础上进一步遵循适合自闭症儿童的特殊性教育原则，并且可以在课堂教学时综合运用示范模仿法（教师通过自身的规范化语言，为学生提供语言学习的样板，让幼儿始终在良好的语言环境中自然模仿学习，有时也可由语言发展较好的幼儿来示范，本方法主要用于学生的语言教育中）、任务分析法（教师通过对一个时期内学生各项主要任务完成情况进行分析）。

（三）完善培训体系，实现教师专业化

目前，在特殊教育学校，针对自闭症儿童的教育方法的培训还是相对不完善的，所以特殊教育学校应该努力完善教师针对自闭症儿童教育方法的培训体系。可以运用相关会议、进修班和访问学者的形式来逐步建立起特殊教育学校教师针对自闭症儿童的教育方法培训上的长效机制，使教师的培训不间断，从而实现教师专业化。

第四节 自闭症儿童向成年人的转衔过渡保障

一、自闭症儿童向成年人过渡所需要的支持网络

(一)从社会支持网络的角度

社会支持网络是指一组由个人接触所组成的关系网,人们通过这层关系网来维持社会身份和自身认同感,获得情绪支持、物质支援、服务帮助和新的社会接触。依据社会支持理论的观点,一个人的社会支持网络越广泛,相对来说就会越容易获得较多的社会资源和社会接触,从而更好地面对来自各种环境的挑战。每个人所拥有的资源分为两种,一种是内在资源,另一种是外来资源,内在资源属于个人资源,即自身所拥有的各种能力、时间、知识和精神资源等;外来资源属于社会资源,即来自社会各界的物质援助、讯息、情绪支持等。所谓社会支持,可以分为两种类型:物质支持和精神支持;其中物质支持包括金钱、物资、人力资源的援助,而精神支持包括情绪支持、情绪疏导、安慰、共情等心理上的支持。

实现自闭症儿童由未成年人向成年人过渡是一个系统工程,需要建立一个以人为本的服务体系。这项工程不仅仅是帮助自闭症儿童实现年龄的转变,还是帮助他们实现年龄以外方面的转变,包括他们的沟通交流能力、适应环境的转变、从以学习生活为主到以就业为主的转变等,这一系列的转变无论是对于患者自身还是家庭、社会服务者、社会、政府等来说都是一个不小的挑战,需要各部门通力合作,共同努力帮助患者迈向更好更有质量的生活。

(二)从自闭症儿童的角度

自闭症儿童与正常人不一样,他们虽然不怎么会与人交流,但是他们比任何人都需要陪伴。在向成年人过渡的阶段中,他们需要高强度长时间的康复训练,要获得基本的生活自理能力和能够进行自我照顾,同时也

需要具备基本的社交能力与语言表达能力,虽然这些很难实现,在每一个儿童身上的表现程度都会有所不同,但是要实现成长转衔,我们必须将这些所需要具备的能力设置成目标,这样才有可能真正成功步入人生下一个阶段。

(三)从自闭症家庭的角度

对于自闭症家庭来说,首先要对孩子向成人的过渡转衔持有乐观支持的态度。在儿童发育的早期,多注意儿童的语言及行为,一旦发现异常,要及时进行干预康复,监督孩子进行康复训练。自闭症儿童家庭要带着孩子一起成长,实现从零到有的小转变。在过渡时期,要不断鼓励孩子,但是要集中培养孩子独自决定事物的能力,不要处处为他们作决定,同时要重视孩子社会规则的识别与遵守,避免孩子踏入"误区"和"盲区"。

(四)从社会服务机构的角度

服务机构能够提供的服务虽然是有限的,但是针对社区对自闭症的理解不足的问题,机构可以多做宣传,帮助大众形成正常的看待自闭症患者的态度,避免给患者及其家庭造成很大的心理阴影。服务者要尽最大努力指导父母陪伴孩子度过成长的每一个阶段以及为他们积累顺利度过这些艰难转变所需要的社会资源。要在自闭症儿童向成年人转衔的阶段,重点开展职业培训与就业支持,开发能帮助他们进行自主生活与求职的服务项目。

二、社会支持网络帮助自闭症儿童实现向成年人转衔的对策

(一)自闭症家庭

自闭症家庭在陪伴儿童进行早期干预康复以及实现每一个小转变的过程中,都需要承受经济压力和心理压力。社会工作者可以发挥资源链接者的角色,运用专业科学的社会工作方法,给予自闭症家庭更多的资源,同时发挥倡导者的角色,帮助社区形成正确看待自闭症的态度,倡导

周围的人来帮助自闭症家庭。通过关注自闭症家庭的社会支持网络,了解家庭成员的沟通方式以及他们生活中存在的压力,因为家庭矛盾和相对大的压力对孩子的康复会有不同程度的负面影响。

(二)社会服务机构

服务机构需要更多的人力资源,尤其是专业的社会工作者。社会工作者需要运用系统专业的方法去帮助自闭症儿童,同时也需要心理咨询师和志愿者的援助。社会服务机构需要在转衔过程中为自闭症儿童提供更多的职业培训和就业技能的培训,将服务的主战场从机构转向家庭和社区;社会服务机构需要招募更多的志愿者为自闭症患者及其家庭服务;同时需要心理咨询师对自闭症儿童进行心理辅导,对自闭症家庭成员进行情绪疏导和提供心理支持。在社会支持网络系统下,社会服务机构提供的服务还应该包括为儿童传授基本的知识技能,在心理咨询师的协助下提供相关心理建设服务,帮助他们确立就业目标以及在实现转衔后的成人生活目标等,另外社会服务机构可以试着建立一个协调系统,让家庭能够访问机构、相关网站和服务提供者,以获得更加全面的援助。

(三)政府方面

从政府的层面上来说,社会工作者应该发挥政策影响人的作用。自闭症患者家庭希望获得更好的政策支持,渴望政府能够了解到他们的真实情况,研究出相关合理的配套支持政策,完善以人为本的社会保障和服务体系,出台更为适宜完善的法律政策来帮助他们,并且做好法律与政策的宣传。自闭症患者家庭承受着很大的经济压力,在财政方面,政府可以通过减免税收、制定特殊群体特殊对待政策、提供免费场地、鼓励社会力量为自闭症群体集资;另一方面,政府应更加注重专业社会工作者的培养,扩大专门的社会工作者队伍,还可以向社会组织购买帮助成年自闭症群体的服务并使其服务体系化、制度化和常态化,鼓励社会资金向成年自闭症患者群体注入。在教育方面,自闭症群体很难受到针对性的教育,政府应在此方面进行资源协调,每个自闭症儿童的接收知识的能力都不一样,需要专业的师资队伍对他们进行个别化的教育,政府应着重教育资源的获取,社会工作者应协助政府,为自闭症群体争取所需要的资源,这有助于自闭症群体及其家庭的共同进步。

(四)社会方面

自闭症儿童是存在于社会大环境下的,在向成年人的过渡转衔过程中,他们需要经历很多个小阶段,需要不断面临并适应各种社会环境。仅仅靠自闭症群体自身的努力是远远不够的,除了家庭的陪伴、社会服务机构能够给予的服务、政府的政策与法律支持以外,社会的包容与支持也是他们成长的助推器。他们不需要同情,他们需要尊重,需要能够给他们带来帮助的社会成员。要帮助自闭症群体实现真正的社会融合,不仅要为他们提供充足的社会资源与支持,还需要通过各方合作共同清理过渡转衔路上的重重阻碍。

(五)医生等护理提供者和相关研究者

帮助自闭症儿童实现成长过渡转衔必然少不了临床医生和研究者的协助,目前缺乏高质量的研究为患有自闭症的青少年和成年人提供比较具体精确的干预方法,这就需要加大对此类研究的扶持力度,为自闭症儿童成功转衔多提供一道保障。另一方面,临床医生等护理提供者往往也缺乏对患有自闭症成年人的医疗和心理健康需求方面的培训,进而导致缺乏合格的成人医疗服务,因为通常情况下患有自闭症的成年人比一般人群有着更严重的健康问题,如视力和听力问题,牙齿护理问题等相关健康状况,所以需要更多的研究来确定行为和医学治疗的有效性,从而为自闭症成年人提供更好的医疗护理。

第二章 自闭症的病因与干预问题

第一节 自闭症的病因

一、家庭因素

由于早期科技发展不够迅速,人们的知识储备也较为匮乏。由此,导致人们对自闭症儿童的认识存在偏激、狭隘的现象。因此,在早期阶段人们对自闭症儿童的判断还存在较大的主观性。

(一)早期的家庭因素

早期 Leo Kanner(肯纳)认为来就诊的自闭症儿童的父母都比较聪明,家庭的社会经济地位较高,大多都是从事科技、行政、工商企业以及管理服务方面的职业。与此同时,Kanner 认为父母对儿童比较冷淡、冷漠、缺乏关心,常常脱离群体、冷酷无情,才导致儿童患有自闭症。所以,这些父母都被称为"冰箱父母"。这些观点说明儿童患有自闭症,与婴幼儿期同父母的交流和沟通有必然关系。

从 1950 年代至 1960 年代开始,精神医学界就提出自闭症是一种"心理生物异常",主要将责任归咎于父母,认为父母偏差的人格特质、不适当的教养态度是造成儿童日后患有自闭症的主要原因。此观点一直都具有相当的影响力,认为情绪冷淡是自闭症儿童家庭的主要特征,自闭症儿童的患病是由于父母对其缺乏情感支持。

直至 1970 年代由于医学技术的发展以及遗传基因研究的不断进步,才逐渐改变了人们对"冰箱父母"的观点,大大冲击了世人对自闭症成因的看法。

(二)后期的家庭因素

随着科技的不断进步,对于自闭症儿童的患病如何受到家庭因素的影响,已经不再是一个谜团。在后期的家庭因素调查研究中,国内外学者主要从父母自身的身心特质方面进行深入探讨。

1.父母的认知水平

自闭症儿童的父母低智商、存在较低的社会经济地位的比率较高(Boutin,etal.,1997);自闭症儿童的父母在早年若曾有过语言认知障碍,自闭症儿童往往有较低的语言智商和较低的拼字、阅读分数,早年若没有语言认知障碍,自闭症儿童语文智商比作业水平高(Folstein,etal.,1999);自闭症儿童的父母在处理信息方面,会具有较为薄弱的中央连贯性(Happe,etal.,2001);而且,自闭症儿童的父母会有较高的记忆水平,但是计划技巧和专注力方面的弹性较差(Hughes,etal.,1997)。

除此以外,自闭症儿童的父母还会表现出异常的社会性语言,例如:过度坦白、过度正式的或非正式的沟通态度、奇怪的幽默、过度仔细、不适当的会话与不适当的表达等(Landa,etal.,1992)。

2.父母的精神和心理特征

自闭症儿童的父母,甚至其兄弟姐妹会有焦虑症、抑郁症、暴躁症等心理问题(Bolton,etal.,1998)。自闭症儿童的父母存在较多的学习问题,并且有精神情感异常的倾向(Gillberg,etal.,1992)。同时,自闭症的家庭成员中,酗酒的女性比不酗酒的多18倍,酗酒的男性比不酗酒的多4倍(Miles,etal.,2003)。除此以外,自闭症儿童的父母较为孤独、不圆滑、不会说话(Piven,etal.,1994);自闭症儿童的父母中较多人患抑郁症、焦虑症,并且有较多的口语缺陷(Piven,etal.,1991;Pivenetal.,1997)。家庭关系中,自闭症儿童的父母认为自己无教养子女的能力、对婚姻较为不满意、家庭的凝聚力较弱、家庭适应能力较弱(Rodrigue,etal.,1990)。

3.母亲的孕期过程

母亲在怀孕期间,接触一些不良因素也可能会使得生下的孩子患有自闭症,例如:自闭症儿童的母亲在怀孕期间有明显的偏爱甜食、肉类食品的倾向;由于工作或情绪等原因经常缺乏睡眠;由于职业为制鞋、油漆、农药以及蓄电池制造或者运输、营销、矿产开发等,经常与有毒物质接触,会导致母亲体内环境紊乱、内分泌功能失调或者有毒物质直接损伤,损坏胎儿神经系统发育,易使儿童患有自闭症(李建华、蔡兰云、邹时朴,2010)。因此,母亲在孕期期间的营养状况、疾病史、服药史、重大精神创伤等问题都有可能导致儿童患有自闭症。

二、生物因素

生物因素包括脑机能的发育与分子遗传问题。自闭症儿童的基本特征,促使医学界对自闭症儿童脑功能异常的产生有很多不同的假设。目前,医学界还无法对已故的自闭症个体进行脑部解剖。所以,只是利用磁振造影(又称"核磁共振扫描"),观察自闭症儿童的脑结构,并且提供多样化的切面影像。

(一)脑部结构与功能

脑部结构与功能直接影响个体的心理表现。自闭症儿童的心理表现在不同方面与同年龄儿童相比有不同程度的差异性。所以,自闭症儿童脑部结构和脑功能与同年龄儿童相比存在差异。

1. 脑部大小

自闭症儿童出生后,在数年内脑部的重量会迅速增加,接下来自闭症儿童的大脑增长速度减慢,但是此时的同年龄儿童的大脑会继续增长。经过幼年的快速增长之后,自闭症儿童的脑部增长速度会逐渐降低,并且会出现异常缓慢的增长态势,甚至有个别自闭症儿童会出现停滞增长的现象。这样的差异性,尤其在出生后的头两年里最为明显,在2~4岁时达到顶点(Redcay,Courchesne,2005);头围较大,并且在其全脑或小脑中间的矢状区域体积较大(Sparks,Friedman,Shaw,2002)。也有个别自闭症儿童在成年后,仍然有着过大的脑体积,而且明显高于同年龄的正常群体。总体而言,自闭症儿童脑体积的异常增大可能首先表现在出生后的几个月,但是新生儿的大脑是正常的;其次,异常增长会在 1 岁左右突然出现,且具体时间不定;最后,脑体积早期迅猛增长之后,其体积又会相对缩小(安龙、丁峻,2010)。

2. 脑叶

脑叶大致包括顶叶、枕叶、颞叶三个部分。自闭症儿童的脑叶发育方面,呈现明显的异常发育状态,要比同年龄儿童的脑叶发育得大。最近的一些研究发现,自闭症儿童的颞叶表层不对称,左半部明显相对较小,此区域主要负责接受语言信息。因此,该区域受损就会影响儿童的语言发展。

自闭症儿童左右侧额叶脑血流灌注明显减少(邓红珠、邹小兵、唐春,2006)。执行抑制任务时左侧前额叶皮质区激活增加,右侧前额叶皮质区激活减少,该区域的血氧量降低,使自闭症儿童在执行抑制任务时表现出一定的困难(苏艳丽等人,2010)。额叶的功能与躯体运动、发音、语言和高级神经活动有关,其神经元数量减少或功能下降必然影响神经递质及其受体的数量以及神经纤维网的发育,导致额叶与其他脑区及皮层下结构的连接异常,使高级神经活动受到影响(邹小兵、曾小璐、胡冰、李建英、唐春,2010)。

3. 杏仁核

杏仁核俗称扁桃腺,主要负责个体的社会性行为、认知以及情绪辨识。所以,自闭症的基本特征被认定为与自闭症儿童杏仁核大小相关。自闭症儿童无法进行眼神对视,无法识别面部表情,面孔记忆存在问题都说明自闭症儿童杏仁核存在缺陷。

4. 布洛卡区

布洛卡区主要负责个体的语言习得功能。因为自闭症儿童存在语言障碍,所以自闭症儿童被认为是布洛卡区存在问题,主要表现为自闭症儿童的布洛卡区斜角带的细胞核数量比同年龄儿童低,成年后的细胞核数量也显著较少。

5.脑干

脑干是位于大脑下方,在大脑和脊髓之间的较小部分,呈不规则的柱状形,包括中脑、脑桥、延髓。自闭症儿童的脑干明显比同年龄儿童的脑干小,而且中脑、脑桥、延髓都有不同程度的异常。

总体而言,自闭症儿童并非某一处脑结构发生病变,而是多个脑区病变,甚至是脑区间的连接出现异常。因此,导致自闭症儿童的心理发展出现迟滞、停滞等问题。但是,究竟是大脑的哪个区域出现问题,还没有一致的结论。

(二)遗传基因

1990 年代以后,医学界开始关注分子遗传研究。有关自闭症儿童的分子遗传方面的研究也开始有很多突破性的观点。自闭症属于多基因遗传病,有较高的遗传异质性(杨树林、陈刚,2009)。实际的调查研究中,不同的学者发现一些染色体异常(例如:第 2、7、13 对)可能和自闭症的病因有关。但是,因为不同学者发现的基因位置不同,因此也还未有统一的答案。不过,自闭症儿童患病至少有 10 多个的致病基因相互作用,而个体是否发病,除了受遗传基因决定以外,还与复杂多变的环境因素有关联。

自闭症儿童的家族中,自闭症儿童的兄弟姐妹患有自闭症的概率为 2%~8%,是一般人群发病率的 50~200 倍。同卵双生的同病一致率为 60%,异卵双生的同病一致率为 0。

(三)生化因素

从生化因素的角度而言,在胎儿期阶段,自闭症儿童可能有较高的被病毒感染的概率,病毒又会引发中枢神经系统的损害。所以,儿童会患有自闭症。自闭症儿童的患病还可能与疫苗注射有关联。疫苗中的病毒可能诱发儿童体内的自身免疫反应,从而导致儿童患有自闭症,例如:麻疹、腮腺炎、风疹疫苗接种。但是,有关自闭症是否直接来源于疫苗注射的问题,还有待商榷。

自闭症儿童的患病还可能是由于神经化学递质出现了问题。具体表现为小板中的 5－羟色胺(5－HT)浓度显著升高,而谷氨酸和其他氨基酸显著下降,被认为是可能与自闭症的发生有关的一种化学指标(Rolf, Haarmann,&. Groternyer,etal. ,1993)。其他氨基酸指标包括谷氨酸脱羧酶、7－氨基丁酸、N－乙酰门冬氨酸等。

目前还有较新的观点认为,自闭症儿童是因为脑发育出现了问题,而导致脑发育出现问题的原因是遗传基因发生了变异,导致遗传基因发生变异的原因是抗生素。在人体的肠道内有很多微生物,这些微生物会释放或者停止释放某种化合物,间接影响人体的发育和人体健康。抗生素可以杀死人体肠道内大量的微生物,只有一种微生物,即梭状芽孢杆菌,这种微生物对抗生素有耐受作用,并且会释放某种神经毒素,经过血液流向大脑,影响大脑发育。因此,有部分学者认为,是因为儿童在早期阶段食用或服用了抗生素而导致儿童患有自闭症。虽然,自闭症儿童的病因还不明确。但是,多种研究结果表明自闭症儿童可能在病毒感染、疫苗接种、化学递质方面存在问题,说明自闭症可能是多种因素共同作用的结果。

三、神经心理学因素

神经心理学因素主要包括三个方面,即心理理论缺陷、中枢性统合不足、执行功能缺陷。

(一)心理理论缺陷

心理理论缺陷主要用来解释自闭症儿童的社交障碍,心理理论指个体对于自己或他人的信念、愿望、意图等心理状态的认识和理解。心理理论缺陷对自闭症儿童最主要的解释是,自闭症儿童无法揣测他人的心理状态,更无法表现与人交往、想象和语用方面的能力。具体而言,主要包括以下几个方面的特征(Baron－Cohen,Howlin,1993):

1. 对他人的感觉不敏感

主要指不懂得理解别人的感受,例如:自闭症儿童见到教育者脸上的斑点会直接评价,而不会考虑教育者的真实感受。

2.无法了解他人的经验可能和自己的不同

自闭症儿童做事具有很强的主观性,只从自己的角度看待问题和分析问题,例如:自闭症儿童陈述事件时,只是讲述部分内容,他会认为别人会知道其他未讲的部分或者与自己的看法相同。

3.无法解读他人的意图

对于别人的行为无法理解和解读,更加不懂得揣测别人的意图,例如:自闭症儿童的同学在嘲弄他时,自闭症儿童自己无法理解同学的行为是在嘲弄自己。

4.无法了解他人对自己的言论是否感兴趣

无法理解别人的情绪变化,不懂得察言观色,例如:自闭症儿童每次谈话只会限定在2~3种话题之内,而不会理会别人是否对话题感兴趣。

5.无法预测他人对自己的行为可能会产生的想法

对自己的行为后果缺乏预见能力,不懂得自己的行为会给别人带来什么样的后果,例如:自闭症儿童无法理解自己不断地询问别人的隐私,可能会被别人认为是在性骚扰。

6.无法了解他人可能会犯错

自闭症儿童缺乏同理心,不懂得换位思考,例如:无法原谅别人的无心过错,认为别人是故意和他作对而攻击他。

7.无法欺骗他人或了解欺骗行为

不善于掩饰自己的需要或者自己的想法,例如:无法区辨好人或坏人,即使坏人询问,也一样诚实回答,导致贵重物品最后被偷走。

8.无法了解别人行为背后的动机

只是停留在看待事件的表面问题,而无法深入探讨事件的本质。例如:由于自闭症成人具有社会互动缺陷,亲戚好意帮自闭症成人在自己的公司安插一个轻松的工作,不需要和其他人互动;但是,自闭症成人会很生气,认为自己应该担任管理者,无法体会别人的好意。

(二)中央统合功能不足

中央统合功能不足主要是解释自闭症儿童的兴趣狭窄和特殊才能,

例如:自闭症儿童所表现出的优秀的机械记忆能力或者对数字的敏感度。正常人对事物的视觉加工是先进行总体特征加工,然后再进行局部信息的分析。而自闭症儿童则专注于对事物的细节或局部特征进行加工,相反却无法理解事物的整体意义。因此,自闭症儿童对信息的加工过程是具体而零散的,缺乏整体性。这样也导致自闭症儿童对一些事件的记忆异于常人。正常人对一些事件的记忆倾向于抓住事件的主要内容,而事件本身的细节往往很快遗忘;自闭症儿童则对局部细节有特殊的偏好,反而无法回忆整件事件的情节。这样也说明,自闭症儿童存在一种特殊的认知方式,导致自闭症儿童无法进行更高层次的意义整合。

(三)执行功能缺陷

执行功能缺陷主要用来解释自闭症儿童的刻板和重复性行为。有关执行功能的研究中,发现自闭症儿童和正常儿童在年龄条件匹配的情况下,自闭症儿童的分类测验总错误数、持续反应数、持续错误反应数明显高于正常组。执行功能主要包括:计划、工作记忆、心理灵活性、抑制控制和自我监控。

1. 计划

自闭症儿童在计划方面的缺陷主要表现在处理复杂问题上,例如:观察环境的变化对任务做出选择和调整的能力。自闭症儿童的计划能力只是在高级计划能力方面存在问题。但是,处理日常生活事件需要的正是高级的计划能力。因此,自闭症儿童在日常生活中所表现出来的计划能力比较孱弱。

情景 2.1

杰森放学回家的路上,每天都会经过一座小桥,但是今天小桥维修,杰森不能通过小桥,需要重新制定回家的路线。杰森无法接受环境的变化而坐在地上打滚,表示自己的不满,并通过大声尖叫来发泄自己的情绪。即使周边围了很多人,杰森还是会不停地叫喊。

案例当中的杰森就是因为缺乏高级计划能力而无法面对环境的变化,当环境改变以后,杰森就会表现出异常的行为。在外人看来,这样的行为就是源于重复和刻板的行为。

2.工作记忆

工作记忆是一种对信息进行短暂地存储并且能够对信息进行加工处理的记忆系统。自闭症儿童在视觉空间记忆和记忆容量方面都不如正常儿童。所以，自闭症儿童无法通过记忆反省和预测，从以前的经验中推断知识，并将知识应用于未来。

情景 2.2

上一周，教育者教授杰森发音"a"，学习过程中，杰森掌握得很好，而且会在教育者的引导下做出反应。一个月之后，教育者对杰森说："a。"杰森看看教育者，便跑开了。教育者需要重新拿起卡片与杰森一起回忆。经过两节课之后，杰森才开始继续发"a"的音。

案例中，杰森的表现就是存在工作记忆上的问题，学习过的知识很快会出现遗忘。所以，自闭症儿童之前学习过的知识需要经常复习。

3.心理灵活性

心理灵活性是一种心理表征的能力，个体可以根据情境的不同，而不断转化思想和行为。如果心理灵活性差就会表现出刻板行为、重复行为以及行为改变困难。自闭症儿童在进行分类实验时，表现为明知道自己按照同样的标准进行分类是错误的，但是依然不断地使用这种分类标准进行分类，很难根据情境的变化进行转移或者做出改变。因此，自闭症儿童会在生活和学习中表现出较多的刻板性和重复性行为。

情景 2.3

杰森很喜欢这双蓝颜色的小皮鞋，不论去哪里都要穿着这双鞋。冬天到了，天气很冷，这双蓝色的小皮鞋已经不能保暖了。于是，妈妈对杰森说："杰森，你要换一双鞋哦。"杰森听后，就是不肯换鞋，还是固执地穿着那双蓝色的小皮鞋。有一天，妈妈故意把蓝色的小皮鞋放到柜子里，把一双新皮鞋放到鞋柜上。杰森出门前发现自己的蓝色小皮鞋不见了，便大发脾气，还不断地撞头，完全不接受妈妈的解释。最后，妈妈只好再把那双蓝色的小皮鞋还给杰森。

案例当中,杰森就是一个缺乏心理灵活性的自闭症儿童,他无法接受新的事物或者不接受环境的改变,喜欢生活中的事件都是一成不变的。

4. 抑制控制

抑制控制主要表现为在活动过程中对无关刺激的抑制能力。在抑制控制方面,自闭症儿童与正常儿童的水平相同,都能够在参与游戏活动或学习活动的过程中,主动抑制无关信息的影响,排除干扰性信息对活动进程的影响。

5. 自我监控

目前,还未有明确的研究结果能够证明,自闭症儿童在自我监控方面与正常儿童或者与其他特殊需要儿童之间具体差异性。不过,由于自闭症儿童在学习活动或游戏活动过程中,缺乏灵活性,经常表现出刻板性或重复性的行为。因此,自闭症儿童在自我监控方面的不足,主要表现为无法从环境中或情境中脱离出来,例如:游戏进行到结束时,教育者要求自闭症儿童离开教室,但是自闭症儿童却依然沉浸在游戏活动中而不愿离开。有时,自闭症儿童这样的行为表现也经常被认为是自我监控能力较差。

四、疾病因素

虽然自闭症的病因还不明确,但是由于本身患有的其他疾病而患有自闭症的概率也相对较高,同时也为解释自闭症的病因提供了相关信息。大约有 10%～37% 的自闭症儿童患有脑伤害、先天性德国麻疹、幼儿痉挛、结节性硬化症、大脑脂质沉积症以及苯丙酮尿症等相关疾病。

(一)先天性德国麻疹

先天性德国麻疹是指孕妇在怀孕早期感染德国麻疹,病毒侵入成长中的胚胎,这类儿童出现自闭症的比例较一般儿童高出 200～450 倍。但是,自闭症儿童只有 1% 有先天性德国麻疹,表明德国麻疹不是自闭症儿童患病的主要原因。

（二）幼儿痉挛

幼儿痉挛是婴儿出生几个月后发作的一种特殊形态的癫痫,典型的发作表现是幼儿突然出现头、手和脚部折叠起来的痉挛,其脑波呈现弥漫性广泛异常。患幼儿痉挛的儿童也较易患自闭症。

（三）结节性硬化症

结节性硬化症是一种显性遗传疾病,患者会出现癫痫、智能不足以及在鼻子两侧出现皮脂腺瘤,会在身体出现白斑,在脑及肾脏长结节。这种儿童患有自闭症的概率为 17%～61%,而自闭症儿童中 1%～14%有结节性硬化症。

（四）苯丙酮尿症

苯丙酮尿症是一种新陈代谢疾病,是由于身体对某些成分的新陈代谢异常而破坏某些器官功能。苯丙酮尿症若未能尽早发现进行干预,就会产生智能不足,也较为容易出现自闭症倾向。

（五）大脑脂质沉积症

大脑脂质沉积症是一种代谢异常,不过它所产生的不正常代谢物是脂肪性的,沉积在大脑细胞而破坏大脑细胞的功能,除了形成各种神经症状之外也可能呈现自闭症特征。

五、季节因素

自闭症儿童的出生季节也被认为是与自闭症的发病有关。因为,在出生季节方面,瑞典(Gillberg,1990)、丹麦(Mouridsen,etal.,1994)和美国波士顿地区(Stevens,etal.,2000)都发现自闭症儿童大多出生在 3 月份;以色列(Barak,etal.,1995)方面则认为自闭症儿童大多出生在 3 月份和 8 月份;但是也有国家认为,自闭症儿童的出生或发病大多发生在 12 月到 1 月、6 月到 7 月、10 月(Bolton,etal.,1992)。加拿大(Konstantareas,etal.1986)方面则认为自闭症儿童大多出生在春天和夏天;日本(Tanoue,etal.,1988)方面则认为自闭症儿童大多出生在春天。

总之,有关自闭症儿童的发病率或出生率与季节的关系还未有统一的结论,仍需要更为深入的研究。

综上所述,自闭症儿童的发病可能源于家庭因素、生物因素、神经心理学因素、疾病因素、季节因素,也可能是源于多种因素的交互作用。但是,至今还未有较为一致性的结论。不过,这些因素足以引起社会的关注和重视,也可以更进一步加强社会对自闭症儿童的认识和了解。至于【案例纪实】中那两位父母的个人遭遇,一方面,有关遗传基因对自闭症儿童患病的影响的探讨中指出,遗传基因并非有规律性地传递,而是存在一种散状的表现。具体而言,就是指自闭症儿童的遗传问题,不会完全受父母遗传基因的影响,如果父辈几代人或者母亲家族中的几代人,有一位有类似自闭症倾向的个体,在几十年后也可能会通过遗传基因在阿成身上有所体现。也就是说,即使其他几代人都未显现自闭症倾向,也只是说明这种有问题的遗传基因在其他人体内呈现隐性状态,就是我们所称谓的隐性基因。隐性基因可能在人体的一生中都不显现,但是也可能因为某些外界环境的刺激会有所显现。经过几代人的延续之后,这个隐性基因在阿成身体内转变为显性基因,所以就表现出我们所看到的自闭症儿童的基本表现。但是,这样的推论也不是绝对的。因为,目前全世界有关自闭症基因遗传的研究还未得出一致的结论。

另一方面,酒精等化学物质,可以麻痹神经系统,对于胎儿的生长发育有很大的刺激作用。以往的相关案例中发现,酒精可以导致胎儿出现智力障碍、酒精综合症等问题。但是,还未有明确的结论或者证据能够说明,酒精会导致儿童患有自闭症。即便如此,我们还是可以相信酒精会对胎儿产生一定的负面作用,影响胎儿正常的生理发育。

第二节 自闭谱系障碍干预的目标与原则

一、自闭谱系障碍干预的目标

目前国内外针对自闭谱系障碍的干预方案和课程多达数百种,不同的干预方案有不同的干预目标。从其理论基础出发,美国学者辛普森

(Simpson)将这些方案大致划分为三种模式,即教导模式、发展模式、自然模式,这三种模式下的干预目标也各有不同。

教导模式是基于行为主义理论,从行为缺陷(语言及社交障碍)、行为过度(重复性行为)、行为不当(询问不恰当问题或作出不恰当行为)方面定义自闭谱系障碍。代表性的干预方案有应用行为分析(ABA),针对教育的综合行为分析运用方案(CABAS)。干预的目标是缺陷补偿、行为矫正、具体行为的习得,以及在不同情境中的泛化。

发展模式强调儿童是教学的主导者,干预者要给予自闭谱系障碍儿童最大的尊重,通过创设自由、轻松、和谐的学习环境,鼓励儿童自主交流,最大限度地激发他们交流的欲望。代表性干预方案有人际关系发展干预(DIR,即地板时光 Floortime)、人际交流、儿童情绪情感的自我调节以及交往支持模式(SCERTS)等。干预的目标是针对自闭谱系障碍儿童的核心缺陷,重点关注儿童意义感受和表达能力的发展,强调人际关系的重要性,全面促进儿童的自我调节、言语沟通以及人际互动能力的发展。

自然模式则是教导与发展模式的结合,一方面借鉴了教导模式中的应用行为分析,另一方面也吸收了发展模式下的强调儿童交流的自主性。强调在自然情境下尊重儿童的自发活动,基于行为分析的干预原则,干预者对儿童进行系统化的训练。代表性方案包括自闭症及相关沟通障碍儿童的治疗和教育方案(TEACCH)、适合自闭症幼儿的发展项目(DA-TA)。干预的目标是通过对学习环境,包括时间、空间、教材、教具及教学活动做出系统性及结构化调整,充分利用言语、手势、图片和文字等扩大性沟通途径,增进儿童的理解、交流和掌握。同时,运用强化原理和其他行为矫正技术帮助儿童克服异常行为,增加良好行为,使人际交往成为有趣味、有意义的积极体验。

本书强调的整合干预,是要求在具有实际功能的生活情境中,秉持"扬长"的原则,充分考虑自闭谱系障碍儿童的生命全程发展需要,通过动手、动脑、动口、动心的活动或任务,促进儿童感知运动、语言沟通、情感社会以及概念逻辑等各方面能力的综合发展,实现全人教育、生态康复的干预目标。

二、自闭谱系障碍干预的原则

随着世界范围内对自闭症研究的逐渐深入,人们开始发现:自闭谱系是一个相当宽泛的概念,自闭症患者个体之间存在异质性,在症状表现和能力水平上存在较大差异;自闭症患者个体之间各能力领域在相互作用、相互影响的同时,也存在着发展程度和发展水平的不同。因此,自闭谱系障碍儿童的干预是一个综合性的问题,不能单纯通过某一项干预方案或策略来解决。最好在掌握一定干预原则的前提下,综合运用基于实证研究的有效干预策略,来实现儿童整体水平的提高。以下 6 项干预原则,应引起我们的关注。

(一)超越性原则——进入儿童世界的可能性

自闭谱系障碍儿童首先作为独立的个体而存在,其生命的原始形态和本然价值应得到尊重。自闭谱系儿童有着独特的感知和情感体验,要获得进入他们世界的可能性,就需要充分尊重他们的现象世界,承认他们是有独特内心体验和生活经验的完整个体。要避免教育中的功利主义和相对性的文化价值观,超越性的或者说绝对的价值应引领和贯穿自闭症干预的始终。

(二)扬长原则——发掘利用儿童的优势能力

传统的干预往往更加关注自闭谱系障碍儿童的缺陷与不足,但长时间的重复、机械干预训练并没有使自闭症儿童的能力"短板"补齐,往往还会引发一系列的其他负面行为。现代研究则逐渐开始关注自闭症儿童的优势和能力,尤其关注在音乐、艺术、动手操作、数学计算等领域表现出的独特才能。这些才能和优势对低龄自闭症儿童而言,是教育干预的"切入口"和"突破口";对大龄和成人自闭症而言,则是可能的就业选择和职场优势。充分发挥扬长原则,让儿童在想做、会做、能做的事情中获得成功的心理体验,提高自信,激发源源不断的成长动力。

(三)个别化原则——尊重儿童作为独立个体的存在

每个儿童都是独特的个体,拥有不同的特质、经验、兴趣和需要。处在谱系中的自闭症儿童从症状表现、障碍程度、兴趣偏好到优势能力、教育需求、生涯规划都有很大的不同。因此,教育干预要从每一个儿童的经验和能力出发,关注儿童生活的家庭环境与社区环境,仔细评估儿童个人的意愿以及家庭的期望,制定并实施个别化的、系统化的干预方案。更为重要的是,通过教育干预来提供诸多的活动和学习方式,如音乐、绘画、体育、手工、舞蹈等,提供给儿童更多的学习机会和学习平台,当他们从中找到自己感兴趣的活动领域时,也就建立了与世界之间的内在意义联系。

(四)生态化原则——实现儿童与环境的双向改变

儿童是生活在环境中的个体,自闭症儿童因其身心各方面的独特性和敏感性,更容易受到周围物理环境、人际关系环境以及文化符号环境的影响。因此,教育干预不仅要关注儿童个体的变化和成长,更要重视儿童生活的生态环境系统的全面调整与优化。例如,尊重自闭症儿童的感知觉特点,清除噪音,调节光线与温度;基于自闭症儿童的视觉加工优势,对学习材料和教育活动进行结构化的调整;提升干预者与自闭症儿童的人际关系质量,干预者要起到陪伴、引导和支持的作用,与儿童形成亲密、和谐、稳定的互动关系;打破意义与表达之间存在固定联系的文化偏见,自闭症儿童以其独特的方式领会意义,在自己的能力范围内以非常规的方式来表达,我们需要接纳并尊重这种非常规的表达方式。

(五)创造性表达原则——促进个人意义的表达

自闭谱系障碍儿童的干预要注重想象的表达与生活适应的结合,即创造性表达原则。儿童情感的身体性和艺术性表达,必须得到充分的重视和鼓励,干预者应尽量避免单调、冗长、成人化的说教和抽象的概念分析,以及对于程序化工具和机械式数据的过度依赖。儿童的梦和幻想、身体活动、象征游戏、涂鸦作品都是教育干预的重要素材,干预者要学会尊重与欣赏。在充分尊重儿童主体性的基础上,促进儿童个人意义的探寻和表达。

(六)生命全程支持原则——过有尊严的人的生活

自闭症作为一种终身性的发展障碍,需要贯穿个体生命全程的支持与关注。从自闭症儿童生活的家庭、学校、机构、社区环境出发,将早期干预、学校教育、就业婚恋、融合养护等问题纳入支持范围,使他们将来有能力走入家庭和社区生活,拥有适当的隐私,建立情感的联结,获得有酬劳的工作,有机会参与生活决策,过有尊严的人的生活。

第三章　自闭谱系障碍干预的多层架构

第一节　自闭谱系障碍的家庭干预

一、家庭干预的意义

布朗芬布伦纳(Bronfenbrenner)从生态系统的视角探讨了家庭对于儿童发展的作用和意义,认为家庭是生态系统中最初始的社会生物体系。家庭作为自闭症儿童生活环境的微观系统,对自闭症儿童而言具有尤为重要的意义。有研究显示,85%的发展障碍儿童与家人同住,其中绝大多数儿童终其一生需要来自家庭的支持。家庭关系与运作也会伴随子女障碍程度的演变而有所调整和适应。家庭为儿童提供多方面的资源,满足基本的生活需求,父母不仅是儿童的照顾者,还是教育者和治疗者。

20世纪50年代儿童心理学家卡尔·费尼谢尔(Carl Fenichel)博士,于1953年在纽约布鲁克林创办了联盟治疗中心,他相信自闭症有其生物学起因,同时也认为儿童应该在家庭接受干预,父母应当是治疗的合作者。他说:"我们在18年前废弃了中心的这些标签,在宣称我们只接收所谓的自闭的、精神分裂的、精神病的或者多种疾病并发的儿童两年后,我们发现所有这些标签都是无意义的……我们从每天和这些孩子共处的基础上对他们有了更多的了解。太多的人认为在孩子身上贴上标签意味着他们现在就知道了这个孩子需要什么。我认为这是一种危险的、误导性的、毁灭性的过程。"费尼谢尔将一种人性化的态度,与特殊教育的途径相结合,为自闭症及其家庭提供服务,这样的见解在那个时代是极具超前性的。

符合治疗与教育自闭儿童的要求,建立家庭内、外部支持网络,特别是后者,被视为提高自闭症干预效果的重要指标之一。从整个国际研究趋势来看,对于自闭症儿童的关注也由"个人为中心"转为"家庭为中心",强调以家庭支持(family support)与积极的行动取代传统的较为被动的家庭参与(family involvement)和强调专业权威的亲职教育(parents education)。因此,为自闭症家庭提供专业服务,提高自闭症家长的专业素质,提升整个家庭的持续发展能力,是自闭症家庭干预中应该着重考虑的。

2009年英国教育部发布了《国家自闭症标准》(National Autism Standards),从"适合自闭症学生的发展""促进学校和家庭及社区的联系""根据学生需求调整的课程和教学",以及"适宜的学校环境"四个方面,列出了43项指标,指导目前自闭症儿童就读的各类教育机构进行改革,使其更能满足自闭症儿童的教育需求。

2011年英国教育部制定的一项政策,《增加特殊教育需要儿童的选择机会并提升服务》(The Increasing Options and Improving Provision for Children with Special Educational Needs),这一政策确保自闭症儿童无论在哪一类公立教育机构,都能充分享受教育保障服务,家长可根据儿童的需求,分配他们从政府获得的教育资助经费。这种权力培育(empowerment)模式使得自闭症儿童的家庭获得了宝贵的自主权和持续发展的动力。

2011年开始,英国启动特殊教育需要(SEN)体系的改革,计划到2015年完成改革。其中指出,授予家长直接控制权,比如让家长决定用政府支持的经费购买哪项教育服务、家长具有接管特殊教育学校及开办独立学校的权利。这些变化不但不会影响自闭症学生目前正享有的各项权利,而且赋予家长更多的权利,确保学生享有更好的教育服务。

二、家庭干预的现状

目前我国针对自闭症儿童的教育以及相关服务体系还不够发达,大量家庭缺乏专业的支持和救助,在相关信息获取、相关技能培训、社区资源利用等方面,都存在切实的困难。

自闭症儿童早期教养和日常生活的干预服务和方法的指导培训。自闭症儿童早期筛查和鉴别、发展问题的发现与诊断、系统而综合的专业指导和干预计划,都非常缺乏。即使在大城市,也还是处于基础性的建设阶段,而这样的服务在广大的农村几乎需要从头开始。世界上许多国家的政府部门和研究人员都已经形成共识:对自闭症儿童早期的预防性干预是最经济、最有效的措施,应该引起高度重视。

步入社会的转衔问题。自闭症儿童和青少年从义务教育到成年生活和就业的转换,存在很多很复杂的难题。许多家庭承担着沉重的经济压力和心理负担,迫切盼望得到政府和社会的援助,而专业的服务是其中特别重要的环节。

家庭的心理援助。大量自闭症儿童及其家庭成员情绪生活的调节和家庭人际关系的维护,都存在许多问题,需要专业性和针对性很强的心理咨询和危机援助服务。

三、家庭干预的建议

第一,开发信息数据库,利用各种现代信息技术的平台,向大众提供便捷、免费的网络化信息服务。目前国内很多地方都在筹划成立特殊教育中心,信息资源中心应该成为最重要的组成部分。有限的专业资源需要通过网络化和信息化来合理配置、有效整合、充分利用。

第二,对自闭症儿童的家长开展简明实用的育儿知识和技能培训,教授以预防为主的家庭干预方法等,学校的各类家长会议就可以成为培训的组织形式。

第三,通过政府购买服务和直接、间接补贴等形式,鼓励学校、康复训练机构和研究机构以恰当的形式为自闭症儿童及其家庭提供合适的服务,例如各类实用技能的培训。这类补贴对于进一步规范各类非正规的服务机构也是一种促进。

第四,大力推进为自闭症儿童服务的慈善事业,形成全社会共同关心弱势群体尤其是儿童群体的文化氛围。鼓励各种非政府组织和民间的草根性力量,以多样化的灵活方式,帮助有困难和需求的家庭。同时,以家庭为单位的自助、互助也是一种很好的形式。

第五,自闭症儿童的教育补贴和社会福利部门对于自闭症家庭的非专业援助,也应该与专业服务项目结合起来。更多地利用专业和学术资源,帮助自闭症家庭获得知识和技能,从而更好地实现家庭功能的自主自立和持续成长。专业服务的支持体系,可以帮助家长在家庭环境中完成对自闭症儿童的康复和教育的大量基础性工作,在专业资源匮乏的农村地区,具有更重要的现实意义。

第二节 自闭谱系障碍的机构干预

在美国,根据(Autism Society of America,ASA)所建立的自闭症网络资源数据库的统计资料,目前全美的自闭症相关服务和研究机构已经超过了 6000 个,广泛分布于各个州,并且呈现继续增加的趋势。在这个数据库里可以通过限定地点、服务类型等条件搜索到全美范围内的自闭症相关服务和研究机构所提供的服务项目和支持的介绍,能查询到每个机构的地址和联系方式。这一综合性网络数据库为跨机构、跨学科的沟通交流和合作提供了一个平台。

一、机构的类型

在美国,众多的服务和研究机构根据设立目的和人员的不同,提供的相关支持和服务也各有侧重。根据 ASA 网络资源库的分类,6000 多家相关机构大致可划分为 23 大类,提供从科研到寄宿寄养等一系列的支持和服务。下面简要归纳介绍其中一些代表性的(文中讨论的)美国服务机构,如美国自闭症协会(Autism Society of America,ASA)、国家自闭症协会(National Autism Association,NAA)等。

政府机构和部门:国家、州立和当地的对自闭症儿童家庭可能有帮助的相关机构和部门。主要为患者和家庭提供法律法规和政策咨询服务,在其网站上可以查询到相关的法律法规和政策规定。

学校教育机构:公立学校系统、私立学校以及其他为自闭症学生提供学业支持服务的机构。公立学校系统需要按照法律规定为自闭症学生提供免费且恰当的教育服务。如果家长对于公立学校提供的服务不满意,也可以选择将孩子送入私立学校接受更好更有效的教育服务。还有一些教育机构提供学习指导或者家庭教师上门服务,是对现有教育项目的补充。

医疗评估和诊断机构:大学下设的自闭症研究中心、医院或者临床诊所。可以为患儿家庭提供医学诊断以及功能评估;由专长于自闭症行为评估和儿童发展性障碍的临床心理学家、精神病学家、儿科医生、神经病理学家、社会工作者以及其他专业人士提供咨询服务,面向机构和家庭。

康复研究和干预机构:进行自闭症生物医学、临床和应用研究的科研中心。提供针对从出生到 3 岁的自闭症婴幼儿的早期学前干预项目和服务的机构;提供言语治疗、物理治疗、音乐治疗、感统治疗等专业的辅助性服务,直接服务于自闭症患者的非营利性或者私立机构;提供协助日常行动、生活、交通等的适应性设备和相关支持等辅助性技术的机构。

信息和支持服务机构:为自闭症患者及其家庭奔走呼吁以期得到社会更多关注和支持的公共的非营利性机构或者私立机构。以 ASA 为例,它在全美范围内设有若干分会,提供志愿者服务和关于当地服务的信息和支持。

除此之外,还有一些律师志愿服务组织可以为有特殊需要的患者和家庭提供免费的法律服务。

社区服务机构:提供短期寄宿服务,主要是为自闭症患者以及其他障碍儿童的家庭提供一种临时性的短期服务,家长可以暂时将孩子送到社区的机构中托管,以使长期照顾残障者的家长在精神和体力上得到一个喘息放松的机会;这些机构也致力于提供一些协助成人患者在社区中更好地独立生活和工作的援助项目和服务。

二、机构运作机制

(一)基于合作的工作团队

在美国,自闭症的研究和治疗是一个从分散到整合的过程。每个机构和组织都设有理事会,并有专门的管理层人员负责处理日常事务。服务机构的整个工作团队是建立在强大的专业力量之上的,同时不同机构和组织之间的合作也很密切。这些服务机构的性质大都为慈善机构,也有一部分是受到政府资助的私立机构。

美国自闭症协会(ASA)具有很强的代表性。作为美国占据领导地位的自闭症组织,ASA 致力于改善提高受到自闭症影响的所有相关人士的生活质量。为了实现这一宗旨,ASA 主要通过进行种类繁多的宣传活动,提倡为他们提供合适、恰当的个性化服务,为患者及其家属提供最新的治疗信息、教育信息、研究进展和相关支持。协会提倡,在自闭症治疗领域中获得真正的进展需要患者家庭、专业人员以及自闭谱系障碍人士共同的协作努力。

在美国备受推崇的专业化团队协作模式,如主要服务提供者模式(primary service provider,PSP)模式,被认为是经济且有效的选择,尤其是在 0~3 岁早期干预阶段。PSP 模式以提高儿童参与日常活动和融入自然化情境为目标,由最少数必需的专业人员对儿童进行评估。家长和其他的服务人员是地位平等的团队成员。干预目标和效果设定的基础是如何提升儿童在不同情境下参与活动的程度(participation across activity settings)和增加儿童的学习机会(learning opportunities)。团队成员共同对计划负责,并为主要服务提供者如何实施计划提供技术支持。团队成员对主要服务提供者进行指导,以便于整个计划可以在不同的情境下、不同的照料者之间顺利执行。除了定期进行会面外,团队成员之间随时进行持续的沟通和互动,以交流信息,并对计划的实施进行及时的反馈。服务提供者和儿童照料者共同参与到学习和培训中,帮助自闭症儿童发展必要的专业技能,以帮助儿童参与到不同情境下的各种活动中,并尽量多地获得学习机会。

在各个机构的网站上也可以获得丰富的资源,包括对自闭症相关知识的普及、机构所能提供的服务、相关服务资源的下载等,十分便捷实用。家长和专业人员等可以通过在网站上注册来获得各种服务。

近年来建立的评估自闭症患儿的网络系统(ISAAC),以网络为基础,组织和管理研究数据。在这个网络中的每家医院都各包含一名临床医生、自闭症资源专家和基因咨询师。自闭症资源专家通过和自闭症家庭成员会谈了解到的情况,帮助他们和各种服务机构取得联系;基因咨询师帮助有兴趣的家庭参与研究,并向他们解释基因实验和研究结果。

(二)专业师资力量和康复训练策略

在美国,自闭症儿童的评估诊断需要有六类专业人员的参与:听力测试专家、儿科医生、言语治疗师、神经病理学家或心理学家、特殊教育教师以及社会工作者。临床医生、护士、心理咨询师在上岗前要通过相应的资格认证。学校特殊教育服务的训练人员和教师也要通过州政府相关部门规定的课程培训,取得特殊教育教师资格。

各服务机构有自己不同的使命和目标,但是普遍达成的共识是:每个自闭症患者都是一个独特的个体,每个家庭和患者都应该有权利选择他们所认为的最合适的治疗方式。对于众多项目、服务和治疗方式的选择,应该建立在对每个患者的能力、需要和兴趣的全面评估之上。对自闭症儿童的安置不应该简单地在融合教育和特殊教育之间二选一,而是需要多项可供选择的服务和安置方式。安置应该具有流动性、灵活性,要考虑孩子身心发展的特征(例如能力和技巧)和项目的特点(可提供的支持和服务)。许多专业人士和家长认为,让自闭症儿童进入普通教育环境接受日常的融合教育,是促进他们全面进步的最佳途径。但是,也有不少人担心融合教育模式是否能够满足自闭症儿童的特殊的社会性和情感性的教育需求。家长可以根据孩子的具体评估情况选择去普通学校学习,或者到机构接受训练。目前美国公立学校的特殊教育班中对自闭症儿童的教育训练采取的方法主要是应用行为分析（ABA）和结构化教学（TE-ACCH）。公立学校由于师资和资金的限制，与专门的针对自闭症的私立服务机构相比，在干预效果上要差一些。私立服务机构采用的方法更加多样化，更具灵活性，但收费往往很昂贵。很多家长为了让孩子能够受到更好的教育，不惜花费重金和精力跟教育部门打官司，希望能够由教育部门出资让孩子到私立机构接受教育。

三、专业机构的社会作用

美国的自闭症服务机构和组织普遍注重观念呼吁和社会宣传，发挥了重要的社会作用。以 ASA 为例，自 1965 年创立以来，通过它强大的协作网络，在国家和各州的许多立法中都发挥了先锋作用，包括 2006 年国会通过的《抗击自闭症法案》。ASA 的网站是世界上点击率最高的自闭症网站之一，它发行的季刊《自闭症维权》（Autism Advocate）有广泛的阅读群体。ASA 每年举办一次全国性的自闭症大会，参会人数达 2000 人。ASA 的信息团队和转衔团队每年为数千个家庭提供急需的帮助。自闭症人士专门咨询小组（The Autism Society's Panel of People on the Spectrum of Autism Advisors）是由 ASA 首创的完全由自闭症患者组成的咨询组织，他们帮助 ASA 的工作人员制定一些计划和服务项目，他们的意见可以直接地表达自闭症患者群体的需求，以更好地维护他们的权利，提高生活质量。

自闭者之声（Autism Speaks）是由原美国国家广播公司总裁赖特（Bob Wright）夫妇支持成立的自闭症慈善机构。赖特的外孙在 2004 年被确诊患有自闭症。他们利用自己的名人效应和影响力，募集到了来自企业和社会名流的大量资金，聘请了世界一流的专家学者对自闭症的病因和治疗方法进行全面深入的研究，产生了巨大的社会影响。美国自闭症机构的成功干预对我国具有重要的启发和借鉴意义，主要包括以下五个方面。

首先，推进立法进程，加大政府投入。法律法规的完善对于自闭症服务机构的发展至关重要。应尽快地推进立法进程,尽早将自闭症纳入法律的保障范围内是维护自闭症儿童权益的最可靠途径。政府有关部门有必要对现在混乱的状况进行整顿,制定行业标准和扶持政策,尽快出台从业人员考核评定标准和认证制度。同时,应加大财政投入,减轻自闭症患者家庭的负担,让更多的孩子能够进入合格的机构中尽早接受干预。

其次,利用民间渠道,多方募集资金。资金紧张问题是现在很多机构在发展中受到制约的瓶颈。在政府补助短期内很难获取的情况下,各个机构应发挥主观能动作用,充分利用宣传手段获取社会募捐的支持。可以效仿美国一些私立机构的做法,通过举办一些公益性的宣传活动,唤起社会人士和企业的注意和参与。

第三,提高服务机构专业水平。专业的物理治疗师、作业治疗师、语言—言语治疗师、心理咨询师、医生、护士、社会工作者等,要取得相应的资格认证。在学校进行特殊教育服务的人员和教师也要通过相关的培训,完成规定的课程,取得资格认定。自闭症相关服务机构应加强和专业院校的合作,建立良好的信息通道,以得到专业、科学、前沿的指导,提高机构的专业化水平。从长远来说,国家必须加强大学的专业化人才培养能力,设置社会急需的应用型、综合性、跨学科的人类服务(human services)专业,切实提升民族整体文化素质和社会服务事业的水平。

第四,促进跨机构、跨专业的合作协调。各机构发展应该充分利用自身的资源,同时必须打破现在各自为营、缺乏交流的现状,让各个机构可利用的资源流动起来,包括师资的培训、管理经验的交流、专业人员的合作等。与国外机构进行交流合作也是必要的,可以直接获取第一手的研究资料和实践经验,得到更加广泛的学术资源的支持。

有必要将专长于自闭症行为评估和儿童发展性障碍的临床心理学家、精神病学家、儿科医生、神经病理学家、社会工作者、特殊教育教师以及其他获得执业资格的治疗师等心理健康专业人士整合起来,建立起一支跨机构的工作团队,对自闭症儿童进行评估、诊断以及帮助其制定具体的干预方案。应努力整合各方面的专家资源,为患者和家庭提供一站式服务,以儿童为中心进行个性化的评估和干预方案的制定和实施。

第五,加强社会宣传和教育,提高公众参与意识。美国自闭症服务机构的发展能获得众多的支持,与其自身所发挥的积极作用是分不开的。通过出版刊物,公共宣讲,推广网站的宣传,唤起社会公众对 ASD 群体的关注,提高社会的接纳程度,为他们创造和谐的生存环境;公众意识被唤起后,又会以实际的捐款等行动支持服务机构的发展,从而形成公共服务事业发展的良性循环。美国自闭症服务机构的运作模式值得我们认真借鉴。我国专业研究和服务机构在唤起公众意识,进行自闭症知识的普及方面应做更积极的尝试,让更多的人对自闭症群体的真实处境有所了解,以消除歧视和误解,提高自闭症患者及其家庭的生活质量。政府部门、新闻媒体和文学艺术工作者,也应该发挥更大的公众影响力。

第三节　自闭谱系障碍的学校干预

从历史上来看,19 世纪普遍设立隔离性的寄宿制学校或机构,为特殊儿童提供看护式管理。20 世纪 70 年代,回归主流运动,将残疾儿童集中到特殊学校,尽可能使残疾儿童在普通学校或班级中与正常儿童一起学习和生活。从 20 世纪 90 年代起,自闭症儿童的教育安置形式已由先前与外部世界毫不相干的隔离式教育环境逐步走向与外部世界密不可分的普通教育融合式环境,它主张自闭症儿童从狭窄有限的教育环境中走出来,进入普通班级、学校和社区,与普通儿童一起参与学习和社会生活。例如,美国、加拿大等国家已经开展融合教育多年,对自闭症儿童的教育训练已经有了一套完整的教学体系,并有自闭症专业研究机构的支持。他们对自闭症儿童的教育已采用"全融合"的方式,即普通班级融合的不只是轻度障碍学生,连中重度障碍学生也被融入普通班级,很多障碍儿童特别是自闭症儿童通常配备一位助教老师。在融合教育的同时,为自闭症儿童设立的专门的培训机构也积极参与其中。在台湾,接收障碍儿童的学校通常设有普通班、资源班、特殊班,轻、中度的自闭症儿童被安置在普通班中,某些主要课程在资源班中受教。但是,自闭症儿童的融合教育至今仍面临着诸多困难。例如,障碍学生因独特或不当的行为方式被各种学校拒收或劝退,即便在学校中,也经常遭遇紧张的人际关系、环境适应困难以及学业上的压力等。

近几年在英国又出现了一类专门招收自闭症的特殊学校——自由学校,是英国 2010 年获批设立的一种特殊类别学校,它接受政府全额资助,但不是由地方教育局设立,而是由家长、教师、慈善团体、商业组织、大学、宗教组织或志愿者举办的非盈利性学校。这些学校接受"英格兰学校监察组织"(the England's Schools Watchdog)和"英国教育、儿童服务和技能标准办公室"的监管。目前,专门招收自闭症儿童的自由学校由"英国自闭症协会"(the National Autistic Society)、地方教育局、志愿者团队、学校和家庭共同管理。对于这些学校出现的原因,英国广播公司曾在 2013 年 8 月 14 日进行了专门报道,声称由于有的自闭症儿童被学校开除,有的自闭症儿童因天分过高不适合学习普通课程,导致了越来越多的人考虑为这些儿童开设自由学校。目前为自闭症儿童开设的自由学校呈现日益增多的趋势。自由学校看似是对融合教育的补充,实际反映的是整个教育体系的改革,是为自闭症儿童提供更高质量服务的体现。

第四章　自闭症儿童的感觉统合教育

第一节　感觉统合教育概述

　　儿童在参与学习活动的过程中,都会遇到一些感觉统合方面的问题,例如:学龄前以及学龄儿童中感觉统合失调的发病率较高,约有 5% ~ 10% 的学龄儿童因为有比较严重的感觉统合功能失调而造成学习困难、情绪障碍或行为异常等。具体表现为,有的儿童会出现写字写得不工整、有的儿童会走路摔倒、有的儿童到了一定年龄还无法区别左右等问题。对于这些儿童所表现的问题,我们都可以称其为感觉统合失调。但是,究竟什么是感觉统合呢? 什么是感觉统合失调呢? 什么是感觉统合教育呢? 以下就相关概念进行详细阐述。

一、感觉统合教育的相关概念

　　感觉统合是儿童大脑本身所具备的基本功能,这种功能对儿童的认知、动作以及较好地适应内外环境和身心健康都有积极的作用。但是,感觉统合并不是高深的学理,反而是幼儿教育领域最基础的概念。

　　(一)感觉统合的概念

　　有关感觉统合的概念,大多学者都认为这是源于人脑的一种对客观环境刺激的反应,例如:感觉统合是指将人体器官各部分的感觉信息输入然后组合起来,经大脑整合,完成对身体内外的知觉并做出反应;只有经过感觉的统合,才能使神经系统的不同部分工作协调,个体与环境的接触才能顺利进行[①]。感觉统合是指脑通过对个体从视、听、触、本体、前庭等不同感觉器官输入的感觉信息进行选择、联系以及统一的神经心理过程，是脑对信息的加工过程，是人日常生活、学习甚至工作的基础[②]。感觉统合是机体在环境内有效利用自己的感官，从环境中获得不同感觉通路的信息（视觉、听觉、味觉、嗅觉、触觉、前庭觉和本体觉等）并输入大脑，大脑对输入信息进行加工处理（包括：解释、比较、增强、抑制、联系、统一），并作出适应性反应的能力[③]。

看来，人脑对客观环境的积极反应需要有感官参与，并非凭空产生。同时，感觉统合的过程中，大脑是经过对信息加工后才做出的反应。诸如此类的观点众多，在此不做一一赘述。

从不同学者的观点可见，感觉统合是大脑对感官系统获取的客观环境信息做出主观反应的过程。所以，我们认为感觉统合就是机体有效地利用自身感官，将从环境中获得的不同感觉通路的信息（视觉、听觉、味觉、嗅觉、触觉、前庭觉和本体觉）输入大脑，大脑对输入信息进行加工处理（包括：解释、比较、增强、抑制、联系、统一），并做出适应性反应的能力。

（二）感觉统合失调的概念

就感觉统合的过程而言，因为感觉统合是指大脑对各种不同的感觉信息进行吸收、组织和反馈的整个过程，所以，在排除儿童任何其他发展性障碍时，当儿童表现出感觉统合困难（低于常态儿童两个标准差以上）时就被称为感觉统合失调[④]。还有学者认为，感觉统合失调是指由于任何原因使个体无法将环境中所接触到的各种感觉刺激加以组织、整合，使

[①] 吴艳芳.幼儿园感觉统合训练游戏化的初步研究[D].长沙：湖南师范大学，2013.

[②] 张众宜.多动症儿童感觉统合训练家庭辅助设备的设计研究[D].北京：北京理工大学，2015.

[③] 杨强.小学低年级体育教学融入感觉统合训练的实验研究[D].杭州：杭州师范大学，2013.

[④] 丁芳玉.感觉统合训练队学龄前自闭症儿童刻板行为的干预研究[D].上海：华东师范大学，2011.

整个身体不能和谐有效地运作[①]；感觉统合失调指的是外部的感觉刺激信号无法在幼儿的大脑神经系统进行有效地组合，从而使得机体不能和谐地运作，最终导致形成各种障碍而影响身心健康[②]。

综合不同学者的观点，感觉统合失调一定是在大脑对感觉信息的处理过程中出现了问题，才导致儿童出现写字不工整、摔倒、分不清楚方向等问题。所以，由于任何原因使感觉刺激信息不能在中枢神经系统进行有效组合，使个体机能不能和谐有效运作，就称为感觉统合失调[③]。感觉统合失调主要包括前庭障碍、本体障碍、触觉障碍、视知觉障碍、听觉系统障碍。

前庭感觉障碍的表现：多动不安、走路易摔倒、原地转圈、上课不专心、爱做小动作、调皮任性、兴奋好动、黏人、自控能力差、情绪不稳定、容易违反课堂纪律、容易与人冲突、爱挑剔、很难与其他人同乐、很难与别人分享玩具和食物、不能考虑别人的需要，有些孩子还可能出现语言发展迟缓、说话词不达意、语言表达困难等。

本体感觉障碍的表现：方向感失调、容易迷路、容易走失、不能玩捉迷藏、闭上眼睛容易摔倒、站无站姿、坐无坐相、容易驼背、近视、过分怕黑。

触觉障碍的表现：害怕陌生的环境、吃手、咬指甲、爱哭、爱玩弄生殖器等，过分依赖父母、容易产生分离焦虑或过分紧张、过度碰触各种东西、有强迫性的行为(一再地重复某个动作)，个人表现缺乏自信、消极退缩、语言和行为表现笨嘴笨舌、笨手笨脚、惹是生非、爱惹别人、偏食或暴饮暴食、脾气暴躁。

视知觉障碍的表现：尽管能长时间地看动画片或者玩电动玩具，却无法顺利地阅读，经常出现跳读或漏读以及多字、少字；写字时偏旁部首颠

---

①　朱国伟.徐汇区学龄前儿童行为相关问题、感觉统合失调现状调查及干预意愿调查[D].上海：复旦大学，2012.

②　李茜.基于感觉统合原理的幼儿感统训练玩教具设计研究[D].南京：南京艺术学院，2013.

③　王艳玲.家长营养知识状况对儿童感觉统合发展及训练效果影响的研究[D].太原：山西医科大学，2012.

倒,甚至不认识字,学了就忘,不会做计算,常把数或字写颠倒,例如:把9写成6,把79写成97,把"朋友"写成"友朋",常抄错题或抄漏题等。

听觉系统障碍的表现:对别人的话听而不见,丢三落四,经常忘记老师说的话和留的作业等。

(三)感觉统合教育的概念

感觉统合教育与感官教育是一脉相承的,感官教育是感觉统合教育理论提出的基础。20世纪意大利幼儿教育家蒙台梭利(Montessor)非常重视儿童的感觉学习,提出了感官教育。蒙台梭利提出的感官教育是指以系统的感官教育为依据,采用能刺激个别感觉的感官教具为媒介,从不断训练、强化的过程中来获得智能教育中不可欠缺的各种概念,从而为发展知觉和思维奠定基础。

目前,国内外许多学者在研究或者教学过程中都将其称为感觉统合训练。从儿童的角度而言,所谓感觉统合训练是指让儿童有目的地进行身体活动,将运动刺激后产生的感觉信息传输至大脑,经由大脑的有效组合,从而驱动身体产生正确行为反应的训练;还有学者认为,感觉统合训练就是儿童参与到有计划、有指导,以及有针对性的游戏活动当中。通过各种专业器械进行感觉刺激作用,以此来增强及改善大脑的整合功能。

从神经发展的角度而言,所谓感觉统合训练是指基于儿童的神经需要,引导儿童对感觉刺激作适当反应的训练,此训练提供触觉、视觉、听觉、前庭觉(重力与运动)及本体觉(肌肉与感觉)等刺激的全身运动,其目的不在于增强运动技能,而在于改善脑处理,组织并构成感觉资讯方法的能力。还有学者认为感觉统合训练,是利用个体发育过程中神经系统的可塑性,通过听觉、视觉、基础感觉、平衡、空间知觉等方面的训练,刺激大脑功能,促进脑神经细胞发育,使受试者能够有效地整合各种感觉,从而作出正确反应的一种训练方法。所以,感觉统合训练的根本目的是发挥孩子的积极主动性,让孩子在感统训练中通过各种外来的刺激唤醒并提高机体水平,进而促进神经系统的全面发展。

看来,无论是基于儿童的角度还是神经发展的角度,感觉统合训练都是一种有目的性地训练大脑对感官刺激的统合能力的办法。但是,训练这个词应用在儿童身上实在有待商榷。因此,我们认为使用教育更为妥当。感觉是刺激物作用于感觉器官,经过神经系统的信息加工所产生的对该刺激物的个别属性的反映;统合是将所接受的感觉信息进行接收分类的过程,是个体对自己躯体和环境的神经作用过程;而教育主要是指根据一定的社会或阶级要求,有目的、有计划、有组织地对受教育者身心施加影响,把他们培养成一定社会或阶级所需要的人的活动。所以,综合感觉、统合、教育的定义,所谓感觉统合教育就是根据一定的教育目的,培养儿童对感官获取的信息进行接收、分类的能力,使个体能够更好地适应环境要求。

二、感觉统合教育的意义

感觉统合失调会明显地影响儿童的学习成绩。虽然在日常生活、学习过程中,儿童的感觉统合失调问题能够自愈。但是,儿童处于身心发展的关键时期,早期的干预无疑能够促进儿童认知能力的发展。因此,感觉统合教育才对儿童有重要的意义。

(一)促进儿童的生理成熟

感觉统合的训练提高了前庭功能,增强了肌肉、关节的动觉和触觉的功能以及将视听感觉与其他感觉讯息相统合的能力,促进了感觉器官与肢体间的协调,也就相应地发展了脑整合的能力。同时,幼儿骨骼、肌肉成长的同时,也促进幼儿神经系统组织整合功能的发展,而这种能力是日后进行高级运动以及学习阅读的基础。不仅如此,感觉统合训练对原发性遗尿症儿童的症状具有改善作用,能够改善原发性遗尿症患儿对膀胱容量变化的感知和睡眠觉醒障碍,而且有助于原发性遗尿症患儿的中枢神经系统发育成熟,减少无意识排尿行为的发生。

实际研究中也发现,通过分析对 22 例 5～8 岁实施感统训练的自闭症儿童的静态平衡能力、动态平衡能力以及多项身体素质与运动能力的测试数据得出,感觉统合训练可以有效改善自闭症儿童的静态平衡能力与动态平衡能力,可以增强自闭症儿童下肢以及腰腹部肌群力量、运动协调能力以及心肺耐力,尤其对增强下肢肌肉爆发力的效果显著。

所以,通过感觉统合教育,儿童机体动作变得更加灵活、协调、平衡、柔软,为儿童将来的运动能力和协调性打下坚实的基础。总之,无论从理论层面还是实践层面而言,感觉统合教育都可以更好地提升儿童的生理成熟度。生理的成熟为心理的发展奠定了基础,为儿童更好地参与社会活动或者学习活动提供了可能。

(二)促进儿童的心理发展

感觉统合教育不仅能够提升儿童运动的协调能力、注意力集中程度,还能够提升手眼协调能力、自我控制能力、运动速度和稳定性等指标。而且对于儿童的智力、情绪与情感、社会性等心理行为发展也具有明显的作用。

一方面,感觉统合教育可以显著提高儿童的智力水平。因为,感统教育可以改善儿童的大脑功能,而大脑功能的改善与智力水平的提升高度正相关。

另一方面,感统教育能够通过丰富多彩的游戏活动,使得幼儿在身体动作协调性方面得到锻炼,心理、情绪、精神方面也能得到陶冶。因为,儿童在环境中获得充分的探索和操作机会,使神经、肌肉及骨骼均获得正常的发育,才能形成开朗主动的个性、愉快稳定的情绪以及适当的行为,日后才能顺利地适应团体生活和学习。

最后,感觉统合训练不仅仅是一种生理上的功能训练,儿童在训练过程中还能获得熟练的感觉,这会增强儿童的自信心和自我控制能力,在指导下感觉到自己对躯体的控制能够让儿童由原来焦虑的情绪变得积极愉快。

(三)有助于解决儿童感觉失调的问题

感觉统合训练能明显地纠正儿童的前庭平衡失调、触觉过分防御、本体感失调、学习能力发展不足等感觉统合失调问题。包括粗大动作、小肌肉精细动作、手眼协调能力等都会有所提高,肌张力、注意力也会有所改善。

(四)有助于提升儿童的学习能力

感觉统合训练在改善儿童感觉失调症状以及人际关系、学习障碍等方面起到了较明显的效果。具有阅读跳读、漏字,写字笔顺颠倒、偏旁部首错误等学习能力不足的儿童,在接受感觉统合训练之后,症状得到改善,能够基本顺利阅读、能书写简单的汉字。

第二节　感觉统合与自闭症儿童的发展

一、感觉统合与儿童发展

感觉统合是一个正常的大脑需具备的功能。儿童的大脑是一部处理各种感觉刺激的机器,这段时期儿童是直接借由各种感觉来认识他自己的身体以及周围的环境。发展中的儿童一开始会去体验可以经历的感觉,接着会逐渐转移注意力到他们认为是有意义的事物上,并排除跟目前需求和兴趣没关系的事物,因此儿童会组织更有效的游戏行为,并获得情绪上的调节与控制。所以一个大脑健全的儿童,能在日常生活当中主动摄取适当的感觉刺激,去发展潜能与学习新技巧。就像人们会挑选食用对身体有益的食物,以获得足够的营养,因此,感觉统合功能失常就好像"消化不良"一样,大脑无法得到足够的滋养。换言之,正常的感觉统合功能可以让一个小孩"头脑健全",以适应不同的环境需求,扮演适当的角色,例如,做游戏时就是一个很好的游戏者、学习时就是一个很好的学习者,而和别人相处时也能适当扮演朋友的角色。因此对大部分正常发展的儿童来说,不需要特意去为他们设计大脑的"感觉餐",儿童参与的日常活动便能持续提供足够的大脑感觉刺激。儿童并不会被动地接受所有的感觉刺激,他们会挑选出在当下最有用的刺激加以组织整合,就像人们会根据不同的季节及身体状况来挑选食物一样,而这种"主动性"便是感觉统合的重要特征之一。因此毫无目的地要求儿童荡秋千，或是被动地给予儿童触觉刺激（如不断地触摸儿童），并不是真正的感觉统合。众所周知，当主动探索、学习一件事情的时候，会得到最好的学习效果，因此当儿童有越多的内在动机，他们就会有越好的感觉统合功能。

二、感觉统合训练对自闭症儿童发展的影响

感觉统合训练基于自闭症儿童发育过程中神经系统可塑性而来。它为感觉统合失调的自闭症儿童提供了一种可控制的输入机制，让他们能够统合这些感觉，从而达到改善他们运动协调、语言、社会交往等能力的目标。为研究感觉统合训练对自闭症儿童的训练效果，邓红珠等国内研究人员在1999年到2001年对45名自闭症儿童进行了系统的观察训练实验。他们将15名自闭症儿童设为对照组，不进行任何治疗，剩下的30名自闭症儿童设为实验组，进行为期6个月的感觉统合训练，以自闭症治疗评估量表（ATEC）作为检测工具。实验结果显示，经过感觉统合训练后，自闭症儿童的ATEC分值明显降低（分数越低表明自闭症程度越低），他们的语言、社交、感知觉、行为均有明显改善，特别是在社交方面的改变尤为明显。实验组的30名自闭症儿童中，29名具有不同程度的感觉统合失调，失调率为96.7%；接受训练后，有21名自闭症儿童感觉统合情况显著改善，有效率为72.4%。

三、自闭症儿童感觉统合功能失调的原因

造成自闭症儿童感觉统合功能失调的原因与普通儿童感觉统合失调的原因基本是一致的，主要体现在如下几个方面。

（一）孕期发育及环境刺激异常

在胚胎形成期，精子与卵子的先天不足以及受精卵本身的缺陷可能导致婴儿出生后感觉统合失调。孕妇的妊娠反应剧烈，出现腹痛、阴道流血、先兆流产、病毒感染（如感冒、风疹、肝炎）、其他并发症（如高血压、水肿、蛋白尿）也会导致孩子感统失调。孕妇在孕期生病，药物的影响（如抗

过敏药、抗癫痫药、抗生素类)、情绪的紧张、焦虑、恐惧、忧郁,或者是孕妇工作过分劳累、营养不良,或过分静养,营养过剩都可能导致儿童感觉统合失调。孕期的不良嗜好,如吸烟(包括被动性吸烟)、酗酒、喝浓茶、浓咖啡、吸毒,都是儿童感觉统合失调的原因。

(二)生程异常

早产、过期产、剖腹产及胎吸助产、产钳助产等不利因素都可能成为婴儿长大后感觉统合失调的原因。此外,婴儿出生后患上中度或以上黄疸、体重过轻,不会哭或哭声弱等,也可能会导致婴儿长大后感觉统合失调。

(三)抚育方式不当及环境影响

母乳喂养不仅营养价值高、提供抗体多,而且使母婴有更多的肌肤接触。有研究表明,早期亲子肌肤接触对孩子一生的性格发展有极大影响。有的医生建议婴儿一出生就应该裸体与母亲腹部接触,一直到完成第一次吸奶后才穿衣服,这有利于建立母子依恋情感以及重要的触觉学习。但现在有些父母出于各种原因,没有对孩子进行母乳喂养,这方面的缺乏可能会导致儿童感觉统合失调。

儿童接触的大都是老人或保姆,他们多关注儿童身上是否干净,是否吃好、睡好,有时为了省事,在生活上处处限制儿童,如不准玩泥沙、玩水,不准乱爬乱钻,不准乱跑乱蹦,总是提醒儿童坐好,或把儿童放进学步车或手推车中。这在很大程度上造成儿童运动学习缺乏。他们过于注重儿童的冷暖,稍热一点就使用空调,而冷气对于触觉学习是一大阻碍,造成神经系统无法健全发展。儿童在家里基本上是独睡、独玩,没有玩伴,缺少模仿对象,儿童就缺少与同伴之间的摸爬滚打、斗智斗勇,使儿童的身体感官、神经组织及大脑间的互动不足。此外,现在儿童的玩具大都是电动的、遥控的,声色俱全,而剪纸、折纸、夹花生、数豆豆、砌积木、拼图、编织、刺绣等手部操作大大减少,限制了儿童手部精细动作的发展。

(四)婴幼儿期头部外伤及疾病

儿童在发育过程中,若出现车祸、意外伤害等,以致头部严重创伤,脑部受到物理损伤,或者患有大脑炎、脑膜炎、多次高烧(39 摄氏度以上)、惊厥、脑性麻痹、癫痫等,会对大脑造成病理性损害。这些损害都可能会导致儿童的感觉统合失调。此外,体内微量元素的含量异常,如铅中毒,缺锌、铁、碘等,也可能成为感统失调的帮凶。

(五)遗传因素

如父母的各种感官、神经系统较弱或易受某些不良环境因素的影响,并且儿童遗传了父母的这点,那么儿童在后天受到不良环境的影响,出现感觉统合失调的概率就很大。

(六)过大的心理压力

有研究和实践证明,有不少儿童会因突然的或过大的刺激致使心灵受到伤害而发生感觉统合失调。突然的家庭变故或亲人离去,儿童被拐卖、遗弃、身体受到强暴等,都可成为他们心理失去平衡的诱因,导致脑功能障碍,引起感觉统合能力不足。父母过高的期望和学校不良的教育方式,只重视学习,使儿童有过大的心理压力忽视了儿童身体动作的发育和运动能力的发展,也会导致儿童感觉统合失调。

四、自闭症儿童感觉统合功能失调的后果

(一)感知觉反应异常

在味觉方面,自闭症儿童会将所有可以吃、不可以吃的东西都塞到嘴里,他们无法分辨食物是否腐烂,虽然已经上小学或者中学了,但还是喜欢吃软烂的婴儿食物。自闭症儿童会拒绝吃特殊口感的食物,有些会排斥青菜的纤维,有些会排斥布丁的滑润。总之,他们挑选食物的标准不是取决于口味,而是口感,这会造成他们在进食及营养摄取上的困难。

自闭症儿童不喜欢刷牙、看医生,有些则会用力地咀嚼东西。在嗅觉方面,自闭症儿童对气味很不敏感,有时会造成危险,例如闻不到外泄的煤气味。嗅觉是唯一和大脑的边缘系统直接连接的感觉系统,所以会传递有利的讯息,例如烟味告诉我们可能着火了,这对儿童来说是很重要的

保护机制。有些则对臭味很敏感,甚至会想呕吐,连对有香味的物品(例如香皂、面包)都觉得反感。

在听觉方面,对于反应不足的自闭症儿童,即使是突然的巨大声音,也不会让他们特别注意或是有被吓到的反应。而有些自闭症儿童则很容易被一点点声音吓到,或是因此感到不舒服,会持续过度地注意环境中不重要的声音。

在视觉方面,有些自闭症儿童虽然视力正常,但他们对视野中影像的改变没有反应(包括影像的动作和颜色)。有些自闭症儿童则会过度注意已熟悉的视觉影像。人们一般会对视觉刺激习惯化,这可以帮助人们有效学习,例如阅读的时候可以快速看学过的字。然而对于这些自闭症儿童来说,每个字都好像是刚学一样,都需要花很多时间去注视。他们会排斥特定的视觉刺激,例如阳光、人群或是多种颜色的物体。

(二)社会交往受到限制

社会交往是机体多个系统参与的,与他人进行交流的复杂活动,需要个体有良好的感觉统合能力。如果双方都具有良好的感觉统合能力,他们之间的交流就会流畅、愉快、没有障碍。但自闭症儿童的感觉统合失调会导致他们在与他人交往过程中常常出现不当的行为,不能很好地遵守规则,从而让他们成为同伴中不受欢迎的人,难以融入社会群体,影响社会交往。

(三)学习活动受到限制

学习是个体多个系统参与的复杂活动,它既需要个体有合适的低位信息获得能力,也需要恰当的概念上位统合能力,否则就会导致学习的效率低下,错误频出。以读古诗为例,个体的视觉、听觉、运动三大系统以及大脑的认知中枢、语言中枢、额叶调控区域等均需要良好地参与进来,进行充分的配合,否则就无法有效地进行读古诗这个活动。

(四)影响自闭症儿童的心理健康状态

感觉统合失调会导致自闭症儿童既不能有效地获取各种信息,也不能做出恰当的行为。这就会让他们在各种活动中不容易成功,产生巨大的挫败感,而这些挫败感又会让他们在以后的活动中更难获得成功,形成恶性循环,造成自我消极情绪,形成习得性无助,带来持续的负面影响和心理体验。感觉系统调节异常会影响自闭症儿童的情绪张力。情绪张力过高会引起自闭症儿童过于好动,而情绪张力过低则会让自闭症儿童看起来沮丧、闷闷不乐。

(五)影响自闭症儿童周围人的正常生活

儿童与他们父母、老师和同伴等都具有极为密切的关系。感觉统合失调的自闭症儿童往往会给周围人带来很多困扰,照顾他们或者和他们玩耍都会比普通儿童累得多,因为他们常常会制造很多麻烦,给周围人带来巨大的生理和心理压力。

总之,不管是感觉系统反应不足还是过度(要注意,有时自闭症儿童会同时具有这两种情况),都有可能是由外在因素或内在因素所造成。外在的因素包括儿童所处的文化、环境、活动的本身以及儿童与这些外在因素的关系;而内在因素则包括儿童的注意力、情绪和感觉能力。而这些内在因素和外在因素会有多方互动,这可以让我们多方位地去评估且设计治疗介入的方案。

第三节 自闭症儿童感觉统合教育的原则与内容

感觉统合教育是通过科学设计的特殊器材,以游戏的方式对儿童进行训练,让儿童在滚、爬、仰、卧、摇、跳等运动中感受大量的感觉刺激,促进感觉统合能力的形成和提高,达到改善大脑信息加工能力和促进大脑整体平衡的目的。但是,在自闭症儿童感觉统合教育的过程中,有其特殊之处需要教育者必须遵守相应的教育原则,选择适当的教育内容。

一、自闭症儿童感觉统合教育的原则

自闭症儿童感觉统合教育的原则,是主要以自闭症儿童为核心,着重考量自闭症儿童自身的需要、能力、兴趣等信息。所以,自闭症儿童感觉统合教育的原则,与常态儿童的感觉统合教育原则有较大的差异性。

(一)多元性与全面性原则

就感觉统合教育的内容而言,一种感觉统合教育项目可以变为一些其他方式或者联合其他的器材共同为自闭症儿童增加感觉刺激输入。也就是说,一种器械可以呈现多种形式的教育内容。

情景 4.1

小康在感统室选择了一个滑板,于是教育者便先引导小康坐在滑板上面让其他小朋友拉动滑板,带动小康向前行进。一段时间以后,小康再用同样的动作拉动其他小朋友向前行进;活动结束以后,教育者又让小康趴在滑板上面向前爬行,如此反复进行 10 次。

小康对滑板的不同使用方式就体现了一种器械也可以呈现多种教育内容。同时,感觉统合教育中要包含多个方面。具体而言,主要包括速度的快慢、头和地面的垂直与平行,坐、站、躺、卧等姿势,各个方位和旋转的刺激方向,以及时间的长短都可以增加感觉刺激的输入。

(二)自然性与自主性原则

从自闭症儿童的角度而言,感觉统合教育要遵循自然性、自主性原则。具体而言,就是在实际的感觉统合教育过程中,每一个游戏都是精心设计的,教育者可以让自闭症儿童选择自己喜欢的游戏进行活动从而达到感觉统合教育的目的;教育者也可以通过布置丰富的教室环境帮助自闭症儿童自然而然地投入游戏活动中。

(三)适宜性与安全性原则

从自闭症儿童的角度而言,感觉统合教育要遵循适宜性与安全性原则。适宜性原则主要指感觉统合的教育内容要与自闭症儿童的生理年龄和心理年龄相一致;安全性原则是指在实际的感觉统合教育的过程中,教育者要注意保护自闭症儿童的人身安全不要受到伤害。

(四)游戏性和快乐性原则

就感觉统合教育的形式和内容而言,感觉统合教育要遵循游戏性与快乐性原则。一方面,教育者应创设一些有挑战性的但是自闭症儿童能够成功实现的游戏活动;另一方面,感觉统合教育应能够让自闭症儿童在学习过程中获得快乐而产生自信心和自尊心,让自闭症儿童在玩中学、玩中练,以达到学习的目的。

(五)渐进性与持续性原则

就感觉统合教育的方式而言,教育者要注意渐进性与持续性的原则。一方面,感觉统合教育的难度要适度,遵循从易到难、循序渐进的原则。有些任务对个别自闭症儿童来讲有一定的难度,这些难度容易导致自闭症儿童产生负面情绪,教育者在实际的教育过程中要对自闭症儿童给予及时的提示和必要的帮助;另一方面,对自闭症儿童进行感觉统合教育的持续过程一般是 3 个月至 2 年,就部分感觉统合失调较为严重的自闭症儿童而言,其接受教育的时间更加长。自闭症儿童感觉统合教育的过程必须遵循持续性原则,有始有终才能达到感觉统合教育的效果。

综上所述,自闭症儿童感觉统合教育的原则主要是基于教育者、受教育者、教育方式和教育内容而言。目的就是最大化地激发自闭症儿童参与感觉统合教育的积极性,凸显感觉统合教育的意义和价值。

二、自闭症儿童感觉统合教育的内容

感觉统合教育是基于大脑组织协调感觉信息能力不良的假设,提出感觉统合教育应提供感觉输入的控制,特别是从前庭系统、肌肉关节和皮肤等而来的感觉输入。所以,感觉统合教育的内容主要集中在前庭、本体、触觉、视知觉、听觉系统五个方面。由于篇幅有限,以下只呈现部分游戏活动。

(一)前庭觉方面的感觉统合教育

前庭觉是利用内耳的三个半规管与耳石来侦测地心引力并控制头部

或大脑的方位,从而提供身体重力与空间的感觉信息,以便让身体不管是不是在移动中,都能保持平衡状态。借由前庭系统,人能够清楚知道身体各部位的位置、动作,以及自己与地心引力之间的相对作用,维持全身肌肉的张力、姿势。前庭觉方面的感觉统合教育主要运用的运动器械有大龙球、滑梯、平衡踩踏车、袋鼠袋、晃动独木桥、圆筒、圆形滑车、平衡台。

(二)本体觉方面的感觉统合教育

本体觉又称为运动觉或肌肉关节运动觉,接受来自皮肤、肌肉、肌腱、关节、韧带、骨骼等的刺激,使个人意识到关节运动或其位置的感觉;察觉动作的方向、速度和大小,以在正确的时间点产生动作;察觉肌肉使力的大小,从而使个体决定用多大的力去抓握或举起物体。本体觉方面的感觉统合教育用到相关训练器械有:滑板、晃动独木桥、跳床、垂直平衡木、平衡台、S形水平平衡木、圆形平衡板。

(三)触觉方面的感觉统合教育

触觉指人利用全身皮肤上的各种感觉接收器来接收周遭环境中的温度、湿度、压力、痛痒、物体的材质、形状,以及体积大小等感觉信息。触觉方面的感觉统合教育主要用到的器械有平衡触觉板、按摩球、波波池。

(四)视知觉方面的感觉统合教育

视知觉是指儿童的视觉注意力、视觉记忆、视觉区辨及视觉想象等。视知觉方面的感觉统合教育主要用到的器械包括插棍、皮球、套环等。

(五)听觉方面的感觉统合教育

听觉方面主要指能够通过中枢听觉神经系统,有效地处理所有声音来源,包括对声音的定位、分辨、确认、解读、排序、比较与记忆对比等过程。听觉方面的感觉统合教育主要用到的器械包括哨子、铃铛、音响等。

综上所述,自闭症儿童感觉统合教育的内容可以从前庭、本体、触觉、视知觉、听觉等方面进行考量。但每个游戏活动不仅仅是训练某一种感觉的游戏项目,例如:训练前庭项目的游戏活动,也同时可以成为训练视觉、听觉游戏活动项目。因为,个体在参与游戏活动的过程中,心理活动是不可能单独出现的,所有的心理活动都在共同参与学习活动。所以,训练每个项目的游戏活动是可以相互服务、相互交叉、相互合作的。

第四节　自闭症儿童的评估与教育计划

自闭症儿童在参与感觉统合教育活动之初要先接受评估。此时的评估可以是有关自闭症儿童心理能力的评估,也可以是感觉统合的评估。一般而言,教育者都会根据自闭症儿童心理能力的评估结果制订教育计划。个别学校或机构也会对自闭症儿童进行感觉统合的评估。

一、自闭症儿童的评估方式

自闭症儿童的评估,主要通过访谈、观察、量表三种方式完成。

(一)通过访谈法进行的评估

教育者可以与自闭症儿童的父母或者其他监护人进行交流,了解自闭症儿童平日在家中的实际表现,尤其是在动作方面的表现。

情景 4.2

教育者:小康平时走路会不会跌倒?

父母:小康走路很稳,一般都不会摔倒。但是,小康很喜欢转圈。

教育者:可以形容一下吗?

父母:小康会大声尖叫、小康会不停地旋转等。

教育者通过访谈,对小康的感觉统合情况有了初步的了解,为教育计划的制订提供了帮助。访谈结果表明,小康存在一定的感觉统合失调问题。因此,教育者可以对小康实施感觉统合教育。

(二)通过观察法进行的评估

教育者也可以借助观察的方法,对自闭症儿童在日常生活和学习中的表现进行记录。观察之前,需要做好记录的准备工作,以便于对被观察者的行为进行详实地记录。

情景 4.3

一位教育者在教室内对小康的行为进行了观察,小康走进教室以后,径直走向粗糙的物品,不停地用指尖进行摩擦。不一会儿,小康会不断地咬自己的手,情绪很激动。教育者曾尝试阻拦,但是效果不好。小康会拒绝教育者的动作干预,而且情绪急躁时,咬手的次数会更多。

这就是通过观察获取的信息。但是,这样的观察要进行多次,因为只有小康的行为出现多次,甚至持续有一年之久,教育者才可以初步判定小康有感觉刺激方面的问题,他需要接受感觉统合教育(表4-1)。我们截取了小康行为观察记录的部分数据,以此来说明如何客观地评估小康是否需要接受感觉统合教育。

表4-1　自闭症儿童的观察纪录案例

时间	次数	行为表现
2015年3月7日	21次	小康在教室内不停地转圈或者咬手,有时小康会不断地撕纸
2015年3月8日	29次	小康在教室内不断地咬手,情绪兴奋时会不断地撕纸
2015年3月9日	18次	今天,小康的情绪有点低落,一个人坐在角落里不停地咬手,有时还会撕纸
2015年10月10日	25次	这一天,小康表现的行为问题更多了,不仅会转圈、咬手、撕纸,有时小康还会不断地出现撞头行为

行为观察记录的内容表明,小康的行为问题持续了大概半年之久。从小康的行为表现来看,小康可能会存在感觉统合失调的问题。所以,教育者可以初步判定小康需要接受感觉统合教育。

(三)借助评估量表的评估

教育者也可以借助量表,通过客观数据可以更加客观地了解自闭症儿童的心理发展水平,为给自闭症儿童制订科学的教育计划奠定基础。教育者对小康进行了PEP的量表评估,评估中涉及了语言、社交、大肌肉、小肌肉等不同心理层面。评估结果表明,小康在语言方面的得分是12分、社交方面是10分、大肌肉方面是9分、小肌肉方面是7分……

教育者通过评估结果可以了解到,小康心理不同层面的发展水平相对均衡。结合评估结果,教育者就可以制订较为客观的教育计划。

(四)形成书面报告

教育者需要对自闭症儿童进行评估,并且在最后形成书面的评估报告。

二、自闭症儿童感觉统合能力评估

(一)自闭症儿童感觉统合能力评估概述

自闭症儿童感觉统合能力的发展存在很大的个体差异性,不同的儿童在视知觉、听觉、触觉、前庭觉、本体觉等方面的失调表现也不尽相同。例如,有的自闭症儿童斜视、遮眼、怕光,而有的却喜好强光刺激;有的自闭症儿童不能接受机器轰鸣声,而有的却偏爱汽车发动机的噪音;有的自闭症儿童不愿别人触碰自己,而有的却喜好用指甲抠掐自己的胳膊。面对这些失调的表现,我们需要为自闭症儿童设计出适合其特点的训练计划,而制定训练的依据是对自闭症儿童进行专业、全面、多元化的感觉统合能力评估。

本书所指"评估"是指对自闭症儿童的感知觉发展状况、认知能力、社会交往、情绪行为等方面情况进行有目的、有计划、全方位、多角度的了解和掌握,根据这些信息为自闭症儿童的感觉统合训练确定相应的训练起点、训练的目标,设计训练活动方案。同时,对自闭症儿童感觉统合能力的评估不是在训练前进行的一次性的工作,而是贯穿于整个感觉统合训练过程中的基础性工作。评估根据采用的方式可以分为间接评估和直接评估。间接评估是指采用咨询、访谈、问卷的形式了解自闭症儿童的相关情况;直接评估是由评估人员通过专门的仪器设备或相关操作评定标准来对自闭症儿童的发展情况进行直接的测评。评估根据时间可以分为实时评估和阶段性评估。实时评估是指评估人员在训练过程中对自闭症儿童的表现做出实时评价并与儿童进行交流;阶段性评估是指评估人员在自闭症儿童完成某一阶段训练任务后对其训练效果与成效进行评价,为下一阶段的训练做出相应的调整。

(二)自闭症儿童感觉统合能力评估前的准备工作

在对自闭症儿童进行感觉统合能力评估前,评估人员需要进行相应的准备工作。首先,要创设一个舒适的评估环境。通过与自闭症儿童的陪同者(对孩子日常生活行为最为了解的人)交谈,初步掌握儿童行为习惯以及喜好,调整评估教室里影响自闭症儿童评估的因素。评估人员要尽可能地控制整个空间中会对自闭症儿童评估产生干扰的因素,包括评估环境空间的大小、光线的强弱、空间颜色、环境中物品的摆放以及评估人员的穿着装扮等。例如,有的自闭症儿童对狭小的空间会感到不适,评估时就需要带其到大教室里;评估教室里的毛绒玩具可能会让其感到不适,评估时就需要收起来;有的自闭症儿童可能会对评估人员的配饰(如项链、耳环、手镯、戒指)产生关注,影响评估,评估人员在评估时需将其摘下。其次,评估人员要与自闭症儿童建立良好的交流关系,通过合适的交流方式与儿童沟通,让儿童能够接纳评估人员,以便顺利完成评估。在与自闭症儿童交流过程中,评估人员要考虑到儿童所处的年龄阶段、认知能力的发展、语言和言语能力、情绪行为状况等,通过积极的言语、肯定的目光、表扬的姿势语言,让自闭症儿童在评估乃至训练过程中感受到被接纳、被重视、被肯定。

在自闭症儿童感觉统合能力评估的整个过程中,需要以专业的评估人员为主导,也需要任课教师、家长等人员的共同参与。每一位参与评估的人员都有着重要地位:专业人员的专业理论知识、实务技能水平、职业素养是决定整个训练工作成败的关键;任课教师和家长为评估提供第一手实时资料,其中家长在训练过程中不仅参与评估与方案的制定,还承担着自闭症儿童感觉统合训练的训练工作,家长良好的心态、正确的教育思想以及与专业人员的配合是影响自闭症儿童感觉统合能力评估效果的重要因素。

总之,对自闭症儿童感觉统合能力的评估是其感觉训练顺利进行的基础并且贯穿整个训练过程。评估需秉承多角度、全方位的原则,在多种评估环境中应用不同的评估手段进行多次评估,避免工作简单化、经验化以及机械化。

(三)自闭症儿童感觉统合能力评估的过程与方法

1. 收集自闭症儿童基本信息

掌握自闭症儿童基本情况信息是进行自闭症儿童感觉统合能力评估的首要工作,通常采用咨询的方式来获取相关信息。

自闭症儿童感觉统合能力的发展受到遗传因素和环境因素共同影响,通过了解儿童的母亲孕期情况、生长发育史、疾病史以及生活环境的各种信息,可以从众多因素中分析、诊断出可能的影响因素。这种方法在整体评估工作中处于辅助地位,是对其他评估方法的一个补充,同时对其他方法得出的结论有一定的印证作用。

对自闭症儿童基本情况的咨询主要从以下几个方面开展。

(1)母亲的孕期情况

自闭症儿童从胚胎期开始直至分娩,母亲在孕期的健康状况、生活环境等都对儿童产生着影响。

①母亲在孕期是否服用过禁用药物;

②母亲是否吸烟或者是否被动吸烟;

③母亲在孕期是否得到充足的营养补充;

④母亲的职业与文化程度;

⑤母亲的工作环境是否存在物理或化学辐射以及生物感染;

⑥母亲是否为高龄产妇、儿童父母的年龄;

⑦母亲生产方式是顺产还是剖宫产;

⑧儿童出生是否早产、过期产、难产;

⑨儿童出生时的体重等各项发展基本指标是否正常。

(2)生长发育史

掌握自闭症儿童生长发育的基本情况有利于评估人员掌握自闭症儿

童整体情况,有利于在日后训练中训练人员根据自闭症儿童的情况设计训练方案或根据其特殊喜好采用恰当训练方法。

①自闭症儿童的喂养方式为母乳还是牛奶;

②自闭症儿童的断乳时间;

③自闭症儿童的饮食情况:偏食、少食、贪食、零食;

④自闭症儿童的每日户外活动时间:1 小时、2～3 小时、3 小时以上;

⑤自闭症儿童的游戏方式:玩玩具、游戏、看书、看电视、独自玩耍、与其他小朋友玩耍;

⑥自闭症儿童会抬头、翻身、爬、坐、走、笑和说话的时间;

⑦自闭症儿童有无特殊行为:刻板行为、攻击性行为、不良情绪行为;

⑧自闭症儿童有无特殊喜好;

⑨自闭症儿童有无特殊厌恶。

(3)疾病史

自闭症儿童的身体健康状况影响其生长发育,通过了解儿童的既往病史以及就诊史可以帮助评估人员甄别疾病的影响因素。

①家族遗传病史;

②既往病史;

③就诊病史:持续高烧不退、高烧后出现异常等;

④脑外伤史;

⑤其他疾病史。

(4)生活环境

自闭症儿童的生活环境对自闭症儿童生长发展有诸多影响。评估人员和训练人员通过了解自闭症儿童的生活环境,不仅可以快速地与自闭症儿童建立良好的交流关系,也可以据此采取恰当的方式进行评估、训练方案设计以及训练工作的开展。面对庞大的信息量,专业人员应该保持高度敏感,因为其中的哪一点都可能对评估与训练起到有效的帮助。

①自闭症儿童父母的年龄、文化程度、工作职位、与儿童相处时间;

②自闭症儿童父母的婚姻：良好、一般、分居、离异；

③自闭症儿童的家庭状况：富裕、小康、温饱、低保；

④自闭症儿童的活动环境：有无儿童娱乐设施、有无同龄儿童玩伴；

⑤自闭症儿童的生活空间：大、中、小；

⑥自闭症儿童的活动方式：看电视、看书、上网、聊天、听音乐、种花草、画画、下棋、养宠物、运动、其他；

⑦自闭症儿童的沟通方式：口语、肢体语言、无交流；

⑧自闭症儿童是否被动吸烟；

⑨父母的教育方法：专制、溺爱、放任、民主、不定；

⑩自闭症儿童是否会做家务：无、收拾碗筷、擦桌子、倒垃圾、扫地、拖地、收拾衣物、整理玩具、浇花、其他。

2. 观察自闭症儿童日常行为

自闭症儿童的日常行为表现能够直接反映出其感知觉能力的发展状况。评估人员除了观察自闭症儿童的言语交谈、目光表情、行为举止，与家人、陌生人以及周围环境的接触活动，还可以观察其注意力水平、兴趣及其探究行为、行为动机、目的、行为的自控能力等。

评估人员可以直接参与自闭症儿童活动过程，也可以通过单向玻璃在隔间中观察自闭症儿童的活动行为，也可以采用录制影像的方式。可以观察自闭症儿童的日常生活，也可以观察其游戏活动、学习。同时，也可以创设不同的情景，来观察儿童的行为表现和反应。

(1)生活行为的观察

对于自闭症儿童来说，能否顺利完成穿衣动作与其感觉统合能力的发展有着极大联系。例如，有的自闭症儿童在冬天不愿意穿毛衣、棉衣或者不愿穿贴身、紧身衣物，这可能是自闭症儿童存在触觉敏感。有的自闭症儿童对衣服的颜色、样式很挑剔，这可能与其视觉异常有关。在扣衣扣的动作中，扣看得到的衣扣这一动作的完成涉及自闭症儿童感觉统合能力中精细运动能力的手眼协调能力，而扣那些眼睛看不到的衣扣时，会涉及自闭症儿童本体觉的能力。自闭症儿童能否站着或者坐着穿上裤子和穿脱鞋,这与其前庭一本体觉统合能力有关。

　　自闭症儿童在饮食过程中的表现可以辅助评估人员进行对其感知觉统合能力的判断。有些自闭症儿童由于手的动作不协调,使用汤匙、筷子、叉子会存在困难,或者因为对口腔部位(包括唇、颊、腭、舌、牙)的肌肉控制力不足,导致嘴巴的闭合和咀嚼动作做不好,吃饭时容易掉饭粒。有的自闭症儿童会出现流口水、不会吹泡泡糖、舌头不灵活、不能用筷子或汤匙将东西放入口中,这是其本体觉能力发展出现异常而导致的动作行为缺陷。喝水动作的完成对于一些自闭症儿童来说是一项比较困难的任务,将水倒入杯子、再把杯子端起喝水,这一系列动作的完成不仅要求眼睛能正确判断空间中物与物的正确位置关系,还需要手眼协调及准确把握肌肉的收缩控制能力,这些都需要各种感知觉能力的统合协调。

　　可以让自闭症儿童进行简单的日常家务劳动,在其劳动过程中,我们可以进行相应的观察。例如在吃饭前摆放餐具,自闭症儿童需要利用视觉信息对物体大小、形状、方向等关系做出正确判断,这是评测儿童观察水平的重要依据。自闭症儿童对物品进行摆放时,要么将其摆放得整整齐齐、有固定的方向和位置,要么就是不遵循应有的摆放排列顺序,例如将桌椅方向颠倒、鞋子穿错脚、玩具不能正确分类放入指定的篮筐中。扫地时,自闭症儿童由于前庭平衡系统和本体觉统合失调,使用扫把如同拖地,对以身体为中线的周围空间环境难以掌控。

　　自闭症儿童的行走姿态会出现异常,喜欢蹦蹦跳跳、转着圈行进或是喜欢从台阶、楼梯、马路沿甚至是床上、凳子上这样有落差的地方往下跳,这些行为是因为自闭症儿童在寻求一定的前庭感觉刺激。然而,有的自闭症儿童却是恰恰相反的,他们或是按照固定的路线行走,或是不敢走在高台上,有的甚至上下楼梯都会产生困难,他们可能是在避免过度的前庭刺激。这类自闭症儿童大多是前庭平衡和固有平衡方面的发展不足。有的自闭症儿童的运动企划能力严重不足,表现为不敢走田间小路,碰到泥泞的地面便不知所措,对面前的障碍物无法翻越或避开,在倾斜的路面上行走或急上陡坡、爬小山坡时都明显困难。

　　在日常生活中,自闭症儿童与他人接触时会出现触觉防御过强或触觉迟钝的现象,这主要是由感觉统合能力的触觉失调导致的。例如,有些自闭症儿童不愿意与人有肢体上的接触,连轻微的触摸都有非常强烈的反应,这使得他们在公共社交活动中显得十分特别,给人一种疏离感。他们可能不会光着脚丫在草地、沙滩上玩耍。

有些自闭症儿童对剪指甲反应特别强烈,经常大声喊叫,有的可能是因为害怕指甲刀的锋利,有的则可能是因为过去的疼痛经验。只要儿童存在对剪指甲的恐惧感,就有可能存在过强的触觉防御现象。还有儿童特别不喜欢洗头、洗脸,有的对毛巾特别敏感,所有这些异常现象都是触觉学习不足造成的。

(2)游戏活动的观察

对自闭症儿童日常生活行为的观察往往会受到时间、空间等方面的限制,无法在短时间内获得有效的观察结果。而开展有目的的游戏活动可以帮助评估人员对自闭症儿童行为进行快捷有效的观察。

在软垫子上进行游戏可以让儿童自由变换动作,如仰卧、俯卧、侧卧、翻滚。儿童由趴着的动作变成仰卧动作时,一般的儿童会用头部带动颈部张力,使胸及腰自动反射跟着回转。身体移动作用,一般是颈部还原动作所引发的,颈部张力不够的儿童做这种动作时会显得笨拙而缓慢。有些自闭症儿童碰到软垫时特别紧张,会用力挺起头,用额头贴在垫子上,使脸部腾空,因为整个头放在垫子上会让他们极度不安。这种类型的儿童常常也不喜欢被左右或上下摇动,他们无法主动和地心引力取得协调,平衡能力常常不良。由于行动缺乏自信,他们常常黏人、爱哭、过分依赖等。

进行游戏活动时,可以让自闭症儿童和其他小朋友一同游戏。例如,让他们手拉手围成一个圆,然后一起绕圈走。有些自闭症儿童会因为身体对称性活动能力不足及颈部张力不足,在观察身边的小朋友、按照老师的指令完成相应动作或到达指定位置时笨手笨脚。

自闭症儿童的运动能力不足会导致他们进行一些游戏活动时出现种种困难。自闭症儿童进行摔跤游戏时,有些会身体僵硬、呆呆站立,不知道如何用力抱住对方,更不会用抱的姿势将对方压倒。自闭症儿童在做切橡皮泥来模拟切蛋糕的游戏时,他们可能会站在那里什么动作都不敢做,即使手里拿着塑料刀也可能不知道怎么去操作,不会将"蛋糕"等分成份,有的还可能不懂得与人分享"蛋糕"。

评估人员可以通过设计一些简单的身体游戏来观察自闭症儿童的反应。例如,让自闭症儿童用右手摸左耳,想做游戏的举手、张嘴巴、眨眼睛,赞成的举脚、拍手等,从他们各种不同的反应可了解他们对语言的理解程度,还可以观察大脑和身体的协调程度。

(3)学习能力的观察

在人与外界环境进行信息交流的过程中,手是和外界环境接触最频繁、用得最多的部位,也是在儿童探索外界环境时最重要的工具。但是,有些自闭症儿童手指的控制能力较差,通常会手指动作不灵活、手眼协调能力差、写字能力发展缓慢。手指控制能力不良大多是触觉防御过强造成的。

让自闭症儿童静坐在椅子上进行坐姿测试,可以观察儿童肌肉张力发展程度。弯腰驼背、两手无处放、常托在腮上等行为,或者喜欢用椅子的前两只脚将身子靠在桌子上,可能与儿童的肌肉张力发展不足有关。有的自闭症儿童会坐不住,即使是上课的时候也会突然站起来在教室里走动。

自闭症儿童在学习过程中,有些儿童对听到的声音无法即时理解,因此无法和视觉做配合。这些儿童在听写方面会面临特别大的困难,常常漏字、漏段,甚至无法完成听写任务。视觉、听觉的能力是否协调对儿童的学习能力有很大的影响。自闭症儿童在做数字排列时,常常把数字的顺序弄错,一连串的数字中间会漏掉某一个,或永远记不清数字的顺序,以至于在数学学习方面遇到极大的困难。有的儿童对数字"6"和"9"的分辨存在一点困难,同样地在拼音学习中,容易记错记混"b""d""p""q"这样的字母,从而给学习带来很大的困难。

通过观察自闭症儿童的日常表现,我们可以初步诊断出疑似病因,然后再根据其他专业的标准评估方法进行更为有效的评估。

(四)智力评估

1.韦氏儿童智力测验

1949年,韦克斯勒首次发表儿童智力量表(WISC),适合于5至15岁零11个月的儿童。该表先后3次修订,2003年第4次修订,适用范围调整为6至16岁零11个月的儿童、青少年。WISC-IV已不再把测验项目仅仅分成言语和操作两部分,而是分成言语理解、知觉推理、工作记忆和加工速度四大领域。整套测验共包括15个分测验,其中10个是必做的分测验,5个是补充的分测验。其中,类同、词汇、矩阵推理、积木、图形概念、填图、数字广度、字母-数字排序、符号搜索、译码、删除图形等分测验都可以用来评估儿童的部分感知觉能力,如听觉、视觉、空间知觉、精细动作能力。2008年,国内对WISC-IV进行了修订。

2.瑞文标准推理测验

瑞文标准推理测验(SPM)由英国心理学家瑞文于1938年创制,在世界各国沿用至今,用以测验一个人的观察力及清晰思维的能力。它是一种纯粹的非文字智力测验,所以广泛应用于无国界的智力/推理能力测试。整个测验一共由60张图组成,按逐步增加难度的顺序分成A、B、C、D、E五组,每组都有一定的主题,题目的类型略有不同。从直观上看,A组主要测知觉辨别力、图形比较、图形想象力等;B组主要测类同比较、图形组合等;C组主要测比较推理和图形组合;D组主要测系列关系、图形套合、比拟等;E组主要测互换、交错等抽象推理能力。每组要求的思维操作水平也是不同的。测验通过评价被测者的这些思维活动来研究其智力活动能力。每一组有12道题目,也按逐渐增加难度的方式排列,每个题目由一幅缺少一小部分的大图案和作为选项的6～8张小图片组成。该测验可以同时用以测试儿童的视觉、空间知觉能力。

适用年龄范围为5岁半至70岁。智力水平用百分比等级表示。一级:测验标准分等于或超过同年龄常模组的95%,为高水平智力;二级:测验标准分为75%～95%,智力水平良好;三级:测验标准分为25%～

75％，智力水平中等；四级：测验标准分为 5％～25％，智力水平中下；五级：测验标准分低于 5％，为智力缺陷。

3. 希一内学习能力测验

希一内学习能力测验（H－NTLA）是美国内布拉斯加州大学希斯基教授 1941 年为耳聋学生设计的一套智力测量表。1966 年，希斯基对该测验做了一次修订，在修订本中同时制订了聋童常模和听力正常儿童常模，适用于 3～17 岁的儿童。1989 年，曲成毅等人发表了 H－NTLA 在我国山西省修订的研究报告，1997 年发表了基于全国样本所做的修订报告，并将修订本命名为希一内学习能力倾向测验中国修订本，简称 H－NTLA－CR，2011 年再次修订。该测验由 12 个分测验组成，即穿珠、记颜色、辨认图画、看图联想、折纸、短期视觉记忆、摆方木、完成图画、记数字、迷方、图画类同、空间推理。这 12 个分测验都可以同时测试儿童的视觉、空间知觉、手眼协调、精细动作等感知觉能力。

4. 斯坦福一比内智力量表

1905 年，比内一西蒙智力量表（B－S）首次发表。1916 年，斯坦福大学心理学教授推孟做了影响深远的修订，称为斯坦福一比内智力量表（SB）。此后该表又进行了四次修订。2003 年，洛伊德（G. H. Roid）发表了由他主持的斯坦福一比内智力量表第五次修订的修订本（SB－5），适用于两岁儿童至成人。洛伊德把整个测验分为言语领域和非言语领域两部分，每个部分均包括五个分测验：流体推理、知识（晶体能力）、数量推理、视觉一空间信息加工和工作记忆。其中，言语知识（定位测验）、言语视觉一空间信息加工、言语工作记忆、非言语流体推理（定位测验）、非言语知识、非言语视觉一空间信息加工、非语言数量推理、非言语工作记忆等分测验可以同时测试儿童的视觉、听觉、空间知觉以及运动知觉能力。

5. 中国儿童发展量表

中国儿童发展量表（CDDC）是北京师范大学张厚粲教授主持编制的，适用于我国 3～6 岁儿童。此儿童发展量表的内容由语言、认知、社会认知以及动作等四个方面构成，分为智力发展量表与运动发展量表两个部分,共 16 个项目。其中,看图命名、语言理解、看图补缺、按例找图、袋中摸物、拼摆图形、单脚站立(测平衡力)、立定跳远(测爆发力)、左跳右跳(测动作的灵恬性)、蹲蹲站站(测耐久力)、快捡小豆(测手眼的协调和灵敏性)等测验项目可以同时测试儿童的视觉、听觉、触觉、本体觉、空间知觉、粗大动作以及精细动作等感知与运动能力。

三、自闭症儿童感觉统合教育的计划

小康的感觉统合教育包括了认知、语言、生活自理等方面(表 4-2)。教育者依据小康的评估结果,制订了感觉统合教育计划,为实际的感觉统合教育活动奠定了基础,也提供了参考。

表 4-2　自闭症儿童感觉统合教育计划案例

姓名:小康	性别:男		出生日期:2016 年 3 月			
计划人	V 教育者	实施起止日期	2022 年 10 月 13 日 2023 年 10 月 13 日			
目标领域	教育目标		评估结果			
			3	2	1	0
认知	1.能够对不同的感统工具进行分类 2.理解物品的摆放位置(上、下)					
语言表达	1.激发自闭症儿童的主动性语言 2.能够初步根据个人兴趣表达需要					
语言理解	1.听到呼唤名字有应答 2.回答"你想要什么"					
小肌肉	1.徒手拧螺丝 2.使用工具拧螺丝					
大肌肉	1.双脚向前跳跃 2.双脚向后跳跃					
社交互动	1.与同伴一起玩玩具 2.帮助他人做事					
生活自理	1.会自己穿鞋子 2.会自己脱鞋子					

总之,教育者根据小康的评估结果,制订了感觉统合教育计划。虽然小康参与的是感觉统合教育活动,但是在感觉统合教育活动中,小康也会

有语言、社会交往、生活自理方面的训练。因此,小康的感觉统合教育计划的目的是促进小康所有心理活动的共同发展。

四、自闭症儿童感觉统合教育的方法

对自闭症儿童采取的感觉统合教育的方法,主要包括 ABA 应用行为分析疗法、结构化教学、地板时光。

(一)ABA 应用行为分析疗法

ABA 应用行为分析疗法在感觉统合教育活动中,最大的作用是帮助教育者分析自闭症儿童不能参与学习活动的原因,从而设计不同的基线水平和外界刺激,辅助自闭症儿童积极参与感觉统合教育活动。

(二)结构化教学

结构化教学在自闭症儿童的感觉统合教育活动过程中,最大的作用就是将一个学习活动分解为几个步骤来完成。其目的就是帮助自闭症儿童了解教育的目的以及学习任务的完成标准。同时,可以更好地解决自闭症儿童的情绪与行为问题。

(三)地板时光

地板时光在自闭症儿童的感觉统合教育活动中,最大的意义就是教育者能够在宽松自由的学习环境中,尝试了解自闭症儿童的学习需要和学习兴趣,并且引导自闭症儿童自己选择学习项目,以此更好地发挥自闭症儿童在学习活动中的主动性和自主性。

总之,每一种方法都有其优点和不足,在实际的感觉统合教育过程中,要合理地组织和应用不同的方法,以便更好地实现预期的教育计划。

第五节　自闭症儿童感觉统合教育的实施

感觉统合教育的核心是通过使用滑板、秋千、按摩球、滚筒、跳袋、蹦床等,整合前庭、本体感和触觉、视觉等刺激的运动项目,控制感觉信息的输入,帮助自闭症儿童开启通往神经系统部分的通路,从而达到改善脑功能的目的。感觉统合教育的实施必须依靠多种训练器材的辅助,例如:阳光隧道、跳跳床、独脚椅等。不仅如此,更加需要教育方式、教育方法的有序安排。

一、创设良好的感觉统合教育环境

感觉统合教育的首要前提是需要一间专业的教室。良好的感觉统合教育环境,可以激发自闭症儿童参与教育活动的积极性和动力。良好的感觉统合教育环境中,教室内的灯光要以柔和为主,色调控制在 3 种以内,要注意墙壁的安全隐患等问题。

二、选择适合的教育方式

自闭症儿童的感觉统合教育的方式需要集体活动与个训相结合。当自闭症儿童还无法参与集体活动,或者对感觉统合教育还不适应甚至是有抵触情绪时,教育者首先要做的就是让自闭症儿童参与个训,一对一地进行感觉统合的教育。这样的教育方式可以适应自闭症儿童的个体差异性,而且很容易满足自闭症儿童的个别需要。由此,自闭症儿童才会更快地熟悉与喜欢感觉统合的游戏活动。

经过一段时间的个训之后,教育者要引导自闭症儿童参与集体活动。此期间有两点需要注意:第一,自闭症儿童刚开始会对集体形式的游戏活动有点抗拒,因为自闭症儿童还无法理解游戏的规则或者目的,因此教育者要善于有耐心地引导;第二,集体活动的活动人数一般要在 5 个之内,如果同质性较高或者集体成员的能力较好,可以适当增加人数,但是一般不能超过 7～8 个人。集体式的教育活动可以增加感觉统合教育活动的合作性,帮助自闭症儿童增加社会性行为,为参与社会活动奠定基础。

三、由自闭症儿童选择教育的起点

自闭症儿童的感觉统合教育活动由哪里开始,是由自闭症儿童来决定的。当自闭症儿童走入教室以后,自闭症儿童喜欢哪个教具或者喜欢哪个活动,就应该从哪里开始。这个过程,不应该是教育者的主观强加,也不应该是教育者的行为塑造。因此,自闭症儿童在参与感觉统合教育活动的过程中,会具有一定的主导性,能够有参与的决定权。

情景 4.4

小康走进教室以后,教育者本想让小康进行爬滑板的学习。但是,小康径直走向了大龙球。对此,教育者便改变了初衷,引导小康玩大龙球。小康玩了 5 分钟左右,又改变主意,去玩平衡板。于是,教育者再次更改计划,引导小康学习如何操控平衡板。

教育者这样的表现就是在尊重自闭症儿童的选择,真正体现了教育活动的初衷,由自闭症儿童来决定的理念。虽然自闭症儿童会不断地更换学习内容,但是这也是在选择,也是需求的客观表现。所以,教育者应该给予尊重。

四、将感觉统合教育活动进行适当地分解

分解式的教学主要是针对感觉统合教育活动的过程中,由于动作的复杂和难于操作,导致的不便于自闭症儿童进行操作和学习的问题而设计的。所以,教育者在对自闭症儿童实施感觉统合教育的过程中,要将一个动作分解为几个步骤来完成。但是,一个动作至少要分解为多少步来完成,取决于自闭症儿童的能力,最多不能超过 5 步。因为繁琐的步骤本身也会增加活动的难度。

五、积极观察并科学记录

在一段时间的学习中,教育者还应该对自闭症儿童参与感觉统合教育的过程和结果进行详细地记录,对于感觉统合教育活动的记录,可帮助教育者更加客观地了解自闭症儿童的学习进程,为以后的游戏活动的开展奠定了基础。

总之,自闭症儿童感觉统合教育的实施过程大致包括五个方面。每

个方面都构成了实施的具体环节,保证了自闭症儿童感觉统合教育的顺利实施。不仅如此,自闭症儿童感觉统合教育的实施过程,也需要教育者有一定的耐心、责任心、专业精神,需要教育者秉持正确的教育观念,坚持不懈地为自闭症儿童提供科学有效的感觉统合教育支持活动。

第六节　自闭症儿童感觉统合教育的主题活动

下面,分享两例自闭症儿童感觉统合教育的主题活动。以此,更好地诠释如何在感觉统合教育过程中对自闭症儿童施以有效的教育支持。

一、主题一:坐下

(一)感觉统合教育目标

(1)自闭症儿童能够认识"坐下"的卡片。

(2)自闭症儿童能够听从指令。

(3)初步提升自闭症儿童的动作协调性。

(二)课前准备与人数安排

(1)课前准备:椅子、图片。

(2)人数安排:1～3人。

(3)障碍程度:中度及重度。

(三)活动过程

(1)教育者先带领自闭症儿童走入教室,要求自闭症儿童坐好后点名。此后,教育者向自闭症儿童说明本节课所要学习的内容和活动。

(2)教育者示范"坐下"的动作,然后要求自闭症儿童跟着教育者做一次。如果有能力较好的自闭症儿童,可以让其辅助或者协助其他自闭症儿童完成教育者的指令。

(3)教育者反复让自闭症儿童模仿"坐下"的动作。

(4)教育者先说:"注意。"等待自闭症儿童直视教育者以后,出示"坐下"的卡片,并同时念出"坐下",再做"坐下"的动作,让自闭症儿童了解图片上文字的意思。

(5)教育者拿出"坐下"的卡片时,自闭症儿童要立即做出卡片上的动作。如果有能力较好的自闭症儿童,可以让其辅助或者协助其他自闭症儿童完成教育者的指令。

(6)教育者重复第一步,并且不使用卡面作为辅助,直至自闭症儿童能够独立完成指令。

(7)下课前,教育者播放轻松的音乐,与自闭症儿童击掌和拥抱,最后再带领自闭症儿童离开教室。

(四)反思

"坐下"这个主题活动,主要将感觉统合教育的元素融合到教育活动中来,通过活动更好地锻炼自闭症儿童的感觉统合能力与沟通能力等相关心理活动能力。具体而言,主要的优点和不足有以下几个方面:

1.优点

(1)结合多种形式开展感觉统合教育活动,把抽象的语言和形象的卡片相结合,达到对语言的理解这一目的。

(2)能够激发同伴之间的协作与合作性行为。

(3)学习过程中,教育者有积极的引导和支持。

2.不足

(1)学习内容过于简单。

(2)学习的内容没有迁移到生活中。

(3)学习过程过于程序化,对于自闭症儿童的自主性关注不够。

二、主题二:不发脾气

(一)感觉统合教育目标

(1)自闭症儿童能够克制情绪。

(2)自闭症儿童能够自主安排学习进度。

(3)能够初步解决自闭症儿童前庭觉失调的问题。

(二)课前准备与人数安排

(1)课前准备:球、结构化图表、尾巴道具。

(2)人数安排:1~3人。

(3)障碍程度:轻度。

(三)活动过程

(1)教育者首先要准备一间适合做运动的教室或者房间。主要是保证安全性,以及能有效地完成预定的学习任务。

(2)教育者把事先准备好的感统教具摆放好,以便于自闭症儿童选择。

(3)教育者把所有要进行的活动都用图表的方式进行呈现,并且在每个活动后面都要用"小纸贴"注明是否完成。

(4)刚开始自闭症儿童还是有点不适应,对于教育者的指令似乎没有反应。不过,教育者还是坚持,每次都是由自闭症儿童来决定从哪个活动开始做,哪个活动最后做。

(5)每一次自闭症儿童完成预定的学习任务以后没有发脾气,教育者就要奖励自闭症儿童一个"小纸贴",让自闭症儿童自己贴在完成栏处,使自闭症儿童理解已经完成的项目,不需要再重复进行。

(6)整节课的学习过程中,自闭症儿童的情绪更加稳定,而且参与感觉统合教育活动的兴趣更浓,完成的速度更快、效率更高。此时,教育者会与自闭症儿童击掌和拥抱,鼓励儿童的正向行为。

(7)教育者总结本节课的学习内容,并且带领自闭症儿童收好教具准备下课。

(四)反思

"不发脾气"这个主题活动,主要是采取了结构化教学法,使原本抽象的学习活动更加具体和形象,能够切合自闭症儿童的认知方式,所以收效甚好。具体而言,主要的优点和不足有以下几个方面:

1. 优点

(1)利用结构化教学法,帮助自闭症儿童理解学习任务的进度和要求,解决了自闭症儿童的情绪与行为问题。

(2)教学活动的设计能够借助其他的教学方法,使教学成效更为明显。

(3)能够充分发挥自闭症儿童的自主性。

2. 不足

(1)将学习内容过度程序化,限制了学习的内容。

(2)过度关注自闭症儿童的情绪问题,对其他方面的关注较少。

两例主题活动更好地说明了感觉统合教育活动能够解决自闭症儿童感觉统合失调的问题,对于提升自闭症儿童的认知能力、解决情绪与行为问题都有较大的益处。对于感觉统合教育而言,不单单只在室内或需要专业的器械,在日常生活中自闭症儿童的感觉统合教育也可以随时随地进行。自闭症儿童感觉统合教育的活动和形式也应该灵活多样,不应该受限制于环境或器械。环境和器械固然重要,但不是绝对重要。

第五章　自闭症儿童的感知觉训练

第一节　自闭症儿童的视觉训练

在日常生活学习中,自闭症儿童各方面能力的发展离不开感知觉能力的发展,而视觉能力的发展在感知觉能力的发展中尤为重要。人类接受的大部分外部信息都是从视觉得来,大大超过其他感知觉。视觉信息具有信息量大、速度快、整体性强等特点,还有检验其他感觉所获得信息的功能。然而自闭症儿童的视觉存在一定的异常表现,并非视力障碍,而是视觉感知能力异常。有的对某些特定物品表现出高度的敏感性,有的对物体的长短、厚薄等特性表现出迟钝性,有的对色彩、光线的明暗具有很强的感知,而有的对某种单一颜色表现出着迷或者避而远之。

自闭症儿童的视觉特点因人而异,他们所表现出来的行为特点有共性也有个体差异性。但这些并不是自闭症儿童所特有的,当儿童有以下总结的行为特征时,并不能断定其就是自闭症。眼睛是心灵的窗户,在自闭症儿童身上,这一特点表现得更为明显。一般情况下,我们在与人交谈过程中会与对方有一定的眼神交流和注视,而自闭症儿童在与人交流时总是回避他人的目光,基本上不会与人对视。自闭症儿童会对一些特定物体表现出高度的敏感性。例如,他们有的会对转动的物体或是某一张图画特别感兴趣,会长时间地盯着看,或者将东西举起以某一个特殊的角度和距离去注视,或者会手舞足蹈、大喊大叫。有些自闭症儿童在细节观察上比常人要快很多,例如他们可以在一幅集体合照中快速找到某一个指定的人物,但对眼前较大的障碍物却视而不见,这让自闭症儿童的家长误以为自己的孩子有特定的视力障碍。

自闭症儿童的视觉成像可能也异于常人,他们喜欢用手遮住双眼、眨一只眼睛、蒙住一只眼睛或是斜着眼睛;看东西也可能会有重影的情况;看电视或玩圆圈游戏时,喜欢晃动身体或是斜着身子。自闭症儿童的视觉注意能力会有一定的差异,视觉注意转移困难,他们很难将视线从一个物体转移到另一个物体上来,如看黑板之后再看自己的书本;视觉捕捉和视觉追视能力不强,视线很难快速定位空中移动的物体,也不会追随物体移动。

大部分自闭症儿童对视觉性文字信息的记忆能力很好,经常过目不忘,同时理解视觉信息也相对较快,也就是他们大都具备视觉学习的优势,因此我们在教育中要充分考虑其优势,例如把要发的指令变成文字让他们看,他们能够对指令给出更好的反应。有些自闭症儿童对光线、色彩表现很敏锐,有绘画天赋。但是有些自闭症儿童的视觉辨别能力较弱,可能会分辨不清图片、文字、符号和物品之间的不同之处和相同之处;对文化课的学习有困难,如搞不懂字的大小、所占的空间、数字的顺序,写字参差不齐、不工整;在读书、写字时,会跳过某些数字或是某些词,不能按照应有的读写顺序来书写;对自己阅读的东西没有一个形象上的概念,不能把图片、文字与具体的实物联系在一起。

自闭症儿童对物体的空间位置关系的理解可能会存在一定的困难,特别是相对位置关系,如上、下,前、后,先、后,左、右。他们会将房间里的家居物品摆放在固定的位置,细致到物品的方向也是固定的,但是在行走时却可能会撞到家具或是上台阶时踩空,方向感很差。他们做一些精细的动作困难,如拼图或是按虚线剪纸,总是逃避集体活动。

(一)自闭症儿童视觉训练的目标

自闭症儿童的视觉训练目标可以分为视觉注意力、视觉追视力、视觉记忆力、视觉辨别力、视觉想象力五个方面。为了实现这些目标,应该开展多种多样的活动。在设计这些活动时,有时可只针对目标中的一项,有时可针对几项,有时也可以针对所有的目标。

需要强调的一点是,自闭症儿童的视觉训练开展的各种活动应该和他们的生活环境紧密联系。由于他们对自己身边的事物比较熟悉,开展与这些事物有关的活动就使他们易于理解,从而能帮助他们进一步发现自己已经见到、观察到的事物的新的属性和特征。

1. 视觉注意力

要激发自闭症儿童的好奇心,让他们仔细观察日常见到的种种事物并进行描述;让他们能注意到突然出现在眼前的东西,注意到后,能够持续地注意,而不是立马去看别的东西;如果眼前不止一个东西,要选择注意哪一个东西,忽略不相关的;必须同时注意两件以上事物的时候,能够妥善分配及应用注意力。

2. 视觉追视力

看到物品以后,目光能追随物品上、下、左、右、顺时针、逆时针移动而移动。

3. 视觉记忆力

自闭症儿童见到一件事情后,要让他们复述这件事情的经过,而且要讲得生动、形象;让他们凭记忆对自己熟悉的一个房间内的陈设进行叙述,要尽可能和实际情况相吻合;把现在看到的东西和以前的经验做比较,加以分类、整合,再储存在大脑中,即所谓的视觉记忆或再认能力。

4. 视觉辨别力

让自闭症儿童寻找表面看来相同的几张插图或几个几何图形等实物的不同点,或让他们找出一些表面不相同的实物的相同点;让自闭症儿童辨认自己在周围环境中见到的各种相同的事物和不同的事物;能认出物体之间特征的异同点,区分一个物体与另一个物体。

5. 视觉想象力

让自闭症儿童能对属于同一个色系的若干种常见的有细微区别的颜色进行区分和认同,尽可能说出它们的名称。例如认清若干种主要颜色(黄、红、紫、蓝、绿、棕、灰和黑等),还要能区分介于这些颜色之间的若干种颜色,并用专门的名词(如柠檬黄)或在名词前加形容词深、浅(如深蓝、浅蓝)说出这些颜色的名称。

让自闭症儿童认清并用词汇表述自己见到的各种事物的形状,如三角形、圆形、曲线、椭圆形、锯齿形、波浪形、短的、长的、直的、弯曲的、螺旋形。

(二)自闭症儿童视觉训练的内容和方法

1.形状辨别训练

家长或老师,在纸上或黑板上用各种不同的颜色画各种几何图形,指导自闭症儿童反复辨认;用纸壳剪成各种几何图形让自闭症儿童辨认;在纸上画上一些形状后,家长或老师说出某种形状的名称,然后让自闭症儿童在纸上指出来;家长或老师说出任意一种形状的名称后,让自闭症儿童在纸上画出来;家长和老师先在纸上画上各种形状,然后用硬纸壳剪出相同的各种形状来,指导自闭症儿童拿剪出的形状和纸上画出的形状一一对应。

2.颜色辨别训练

主要训练自闭症儿童对红、白、黑、黄、蓝、紫、绿等几种基本颜色的辨别,如指导自闭症儿童认识布料颜色,认识彩笔颜色,让自闭症儿童说出在日常生活中经常见到的物体的颜色名称等。

3.物体形态辨别训练

指导自闭症儿童认识事物的大小、高矮、长短、曲直、厚薄、宽窄、肥瘦等形态。

4.集中视力训练

单眼注视:指导自闭症儿童用单眼望向某一目标,把另一只眼遮住,两眼可交替进行,每次注视的时间不少于一分钟。

双眼注视:指导自闭症儿童双眼同时注视同一目标。

指导自闭症儿童注视不同的方向:指导自闭症儿童分别注视上、下、左、右、左上、左下、右上、右下等不同方位的物体。

指导自闭症儿童移动头部,但是视线集中在一个目标。

5.视力转移训练

视力由近及远训练:指导自闭症儿童把视线由一个较近的目标移向

一个较远的目标。

视力由远而近训练：指导自闭症儿童把视线由一个较远的目标移到一个较近的目标上。

6. 视觉追踪训练

家长或老师指导自闭症儿童用眼睛追踪移动的物体，如看由近而远的汽车、乒乓球比赛、鸟类飞行。

7. 视觉搜索训练

家长或老师指导自闭症儿童从一大堆物体中，把要找的东西寻找出来，如从一大堆皮球当中找出红色的皮球。

（三）自闭症儿童视觉训练的注意事项

对自闭症儿童进行视觉训练应注意以下几点。

控制教学环境，减少无关刺激的干扰，合理布置教室内部环境。

选择恰当的教学工具，教具要颜色鲜明，适合引导自闭症儿童顺应教学内容使用教具，而不是任意而为。

认识颜色的训练要遵循从基本颜色到混合颜色的顺序，先认识几种常见颜色，再记忆不认识的颜色。训练自闭症儿童认识颜色的过程应该是：配对——指认——命名。

认识平面图形的顺序依次是：圆形、正方形、三角形、长方形、梯形，然后是图形的分割与拼合、图形的对称认识。立体图形的顺序依次是：球体、正方体、长方体与圆柱体。

在理解与掌握平面图形和立体图形基本特征的基础上，要引导自闭症儿童初步理解两者之间的关系。进行图形认识训练时，要注意调动自闭症儿童的多种感知觉，尤其是触觉的参与。

第二节　自闭症儿童的听觉训练

自闭症儿童的听觉系统是完善的，并不是听不见，而是对声音的处理过程出现了问题。例如，有些自闭症儿童会对某些声音听而不闻，但对有些细微的声音很敏感。某些特殊声音会引起自闭症儿童的异常反应,例如汽车发动机的轰鸣声、吸尘器和搅拌器发出的声音等会让自闭症儿童焦躁,动物的叫声会让他们害怕,甚至浴室里的流水声也会让他们感到不安,因此自闭症儿童会远离有这些声音的场所,如不坐汽车、不愿去动物园、不愿洗澡。他们对讲得太快、不停地讲或者大声地讲的人们感到不安或退缩,对周围有不正常说话音调的人们感到焦虑;很难同时与多人共同交谈,交流时答非所问。他们不能分辨声源,总是四处张望以找到声音是从哪发出来的;辨别声音有困难,尤其是不能区别相近的音,如"京"和"星"。在没有其他声音干扰的情况下,他们不能集中精神听一个声音;听到尖的、高的、金属的、突然的声音极其痛苦,即使是一些常人觉得正常的声音对于他们来说也是难以忍受的。为了保护自己,这些儿童可能会经常地重复刻板的行为,很难专心去听或者读,对于听到的和读到的东西也很难理解或是记住;在做出反应之前总是向别人张望;说话总是跑题;在与人进行近距离交流时有困难,如不能对别人的问题和评论做出适当的反应;不能大声朗读,但有时候会大声喊叫,唱歌时跑调,没有节奏感;说话时口齿不清,剧烈运动之后说话能力有所提高;日常卫生护理,如掏耳朵、理发、剪指甲产生的一些声响会让自闭症儿童感到焦虑不安。

(一)自闭症儿童听觉训练的目标

自闭症儿童听觉训练的目标是让自闭症儿童学会察知声音、辨别声音、理解声音和语言的含义,主要是让他们能够听懂,从听的方面减轻交流困难带来的痛苦,从而提高自闭症儿童的社会交往能力。具体可以分为听觉察知能力、听觉分辨能力、听觉识别能力、听觉理解能力以及听一视一动协调能力和听一说统合能力六个方面。

1. 听觉察知能力

听觉察知能力即听觉专注力,是指人在精神集中的状态下,用听觉获取信息的能力,它是听觉分辨、识别、理解和编序等能力的基础。对自闭症儿童而言,听课、听写和回答问题是听觉信息的获取和运用过程,需要注意力的集中和维持,如果听觉注意力不集中,就会影响到学习信息的获取和运用。

针对自闭症儿童的听觉察知能力的训练目的是帮助自闭症儿童感知声音的存在,学会有意识地聆听声音。通过训练激发自闭症儿童对声音的兴趣,培养他们对各种频率和强度声音的有无做出反应的能力以及良好的聆听习惯,从而帮助他们对察知的内容逐步进行分辨、识别和理解。初始训练阶段可结合视觉诱导进行,先通过视觉诱导吸引自闭症儿童关注相关内容,逐步渗透听觉。

2. 听觉分辨能力

听觉分辨能力是指对不同声音之间差异辨别的能力以及辨别一组或一对词之间差异的能力。如向自闭症儿童呈现发音差异很小的一对词,要求儿童背对测试者(避免儿童从说话者的口型中找出视觉线索),判别这对词的异同,如"再—菜""光—刚""为—会""柴—材""出—粗""b—p""d—t"。

听觉分辨能力训练的目标是让自闭症儿童做到在准确感知声音有无的基础上区分不同的声音。通过训练,巩固自闭症儿童利用听力关注声音有无的意识和能力、培养他们区分多维度声音差异的能力和区分时长、强度、频率等单维度声音差异的能力,从而促进他们将能分辨声音逐步发展到识别和理解阶段。

3. 听觉识别能力

听觉识别能力要求儿童能分析声音的差异,并整合为整体的特征。训练目标主要在于提高自闭症儿童识别的准确性和熟练度,帮助他们最大限度地利用听力,提高对日常生活中常见语音的识别能力,增强识别细微差异语音的能力,从而将识别内容逐步过渡到听觉理解。

4. 听觉理解能力

听觉理解能力是指儿童辨识声音以及了解说话内容的能力。有些自闭症儿童虽然智力水平、知识结构具备了听课能力,但对教师讲课内容听而不懂,原因之一就在于听觉理解能力差。听觉理解能力差的儿童往往听不懂词义、句义,听不懂老师的讲课内容,很难确定两个听觉概念之间的关系,如草是绿的、天是蓝的、火是红的。

听觉理解能力的训练帮助自闭症儿童提高将音和义结合的能力,使其真正懂得声音的意义,让他们最大限度利用听力,巩固听觉识别能力,提高对日常生活中的常见名词、动词和形容词及短语的理解能力,进而培养自闭症儿童整体把握短文内容,理解短文含义的能力。

(二)自闭症儿童听觉训练的内容和方法

1. 听觉察知训练

对声音的察知一般可以分为无意察知和有意察知。无意察知是指让自闭症儿童在无事先预备的情况下,对声音的有无进行感知的过程。有意察知则是让自闭症儿童能够有意识地根据老师的要求对不同频率、不同强度以及不同声色的声音作出反应。

听觉的无意察知能力训练包括音乐声、环境声和言语声。音乐声主要是各种乐器发出的声音;环境声包含动物声(猫、狗、鸡、鸭、猪、牛、羊、狮子、老虎等)、自然环境声(雨声、风声、海浪声、雷声、流水声等)、日常生活声(汽车、炒菜、电话等)。听觉的有意察知能力训练内容包括滤波音乐声、滤波环境声、不同频段的言语声。通过对单一频率的音乐声(如低频的长号、大提琴,中频的长笛、小提琴,高频的短号、双簧管)、环境声(如低频的钟声、中频的蛙鸣声、高频的鸟鸣声)以及言语声(低频的/n/、/m/、/I/,中低频的/p/、/b/、/u/、/o/等,中频的/k/、/h/、/f/、/t/等以及中高频和高频的声母和韵母),在频率察知的基础上,进行音量和距离的改变,让自闭症儿童有意识地察知声音的存在。

由于自闭症儿童在语言交流上也存在一定的障碍,在训练阶段不要求他们作出反应,训练主要考虑利用视觉、动作等调动他们对声音的兴趣,如视听诱导法、随意敲打法、物体碰撞法、声源探索法、触觉感知法、动画诱导法。可以利用他们的动作能力来让自闭症儿童作出相应的反应,如听到声音让自闭症儿童举手、走路、套圈等。

2. 听觉分辨训练

听觉的分辨能力训练要先进行多维度(声音材料的响度、频率、时长等)差异的音频训练,再进行单一维度差异的音频训练。音频的维度越多、每个维度的差异越大,分辨越容易,反之则越难。在多维度差异的音频训练中,该阶段选择的材料应当无论在时长、强度还是频率方面差异都较大,自闭症儿童只要能抓住其中一个维度的差异即可区分两者的不同。

而单一维度的音频分辨能力训练需要自闭症儿童对时长、强度、频率、语速等方面仅有一个主要维度存在差异的语音进行分辨。

在多维度差异分辨训练里,可以分辨猫、狗、猪、牛、蜜蜂等动物声,吹口哨、唱歌、打喷嚏、打呼噜等人体声,钢琴、口琴、长笛等乐器声,卡车、警车、手机、电话等物体声,这些属于日常生活环境声;还可以分辨言语声,如叠字短句小猫喵喵喵、大雨哗哗哗、鞭炮啪啪啪以及童谣和儿童歌曲。

单一维度差异的分辨训练,通过控制时长、强度、语速、频率、声调来让自闭症儿童去分辨其中的差异。

在听觉分辨能力训练中,多维度差异分辨训练主要是通过生动的形式巩固听觉察知能力,并初步认识声音的轮廓(包括特征),可以用分辨图文法、分辨游戏法、声控动画法、模仿发音法。单一维度差异分辨训练主要引导自闭症儿童认识声音的时长、强度、频率等属性,主要训练方法有乐器演奏法、特征提示法、动作匹配法。

3. 听觉识别训练

听觉识别训练主要是让自闭症儿童能够正确识别声音,在训练过程中尽量选择与他们日常生活接近的声音,可以利用图片、文字作为言语辅助工具帮助他们表达。

训练的内容可以选择辨别家庭成员的声音,如辨别爸爸、妈妈、爷爷和奶奶的声音,可以把家庭成员的说话声音录下来,让他们通过听录音来辨别是谁的说话声。

动物的叫声也是很好的声音材料,如狗、猪、鸡、鸭、鹅、猫、马、牛、驴、羊的声音,可以把各种动物的声音录下来,放给自闭症儿童听,然后进行识别。可以通过选择相应动物的图片和文字共同呈现的方式来进行训练。教师可以借助多媒体技术为自闭症儿童呈现图、音、文、视频共同出现的学习形式。

识别家庭中敲击锅、碗、瓢、盆等发出的声音,先让自闭症儿童认识家庭中这些器具,然后再练习识别。

辨别交通工具的声音,如辨别汽车、轮船、火车、飞机的声音,整个过程可以通过录像、录音反复放给自闭症儿童听,然后让他们进行识别。

识别自然现象中的声音,如下雨声、打雷声、刮风声、流水声。

识别各种打击乐器的声音,如鼓、锣、音叉、三角铁的声音。

4. 听觉理解训练

自闭症儿童在社会交往方面存在很大的困难,其中有一个明显的特征就是很难理解别人的话,并且自己的言语表达也是词不达意。

训练的内容分为词语理解和短文理解。词语理解包含单条件词语理解、双条件词语理解和三条件词语理解。单条件词语理解包括名词、动词、形容词。双条件词语理解:介宾短语,如书本在课桌上;主谓短语,如老师在上课;并列短语,如书本和课桌;偏正短语,如红色的帽子;动宾短语,如读课文。三条件词语理解:介宾短语,如白色的天鹅在湖面上;主谓短语,如贝贝在书本上写字;并列短语,如书本、课桌和椅子;偏正短语,如一张黄色的课桌;动宾短语,如打开红色的文具盒。

短文理解包括情景对话、故事问答和故事复述。

(三)自闭症儿童听觉训练的注意事项

听觉训练要注重声音材料的选择,要经常更换一些材料或改变声音的大小,新颖的声音材料可以让自闭症儿童对声音产生兴趣。节奏感强的音乐能产生合适的心理预期,帮助他们逐步形成对声音的稳定反应。

训练内容的编排主要从声音特性的角度进行考虑,例如声音的强度、频率、发声时间的长短、声音的混合程度。同时也要注意自闭症儿童对声音的特殊反应,避免不恰当的声频或响度对自闭症儿童产生刺激。

在识别训练时,要注意自闭症儿童已有的认识能力。通过声音与图片结合、图片与实物结合、声音与实物结合的形式,让他们在训练前先对发声物体建构一定的认知。

第三节 自闭症儿童的触觉训练

触觉是指分布于全身皮肤上的神经细胞接受来自外界的温度、湿度、疼痛、压力、振动等方面信息产生的感觉,是由压力和牵引力作用于体表触觉感受器而引起。它是皮肤觉中的一种,是人类的第五感觉,也是最复杂的感觉,是轻微的机械刺激使皮肤浅层感受器兴奋而引起的感觉。触觉中包含有至少十一种截然不同的感觉,触觉感受器在头面、嘴唇、舌和手指等部位的分布都极为丰富,尤其是手指尖。

自闭症儿童的触觉异常通常分为两种,一种是触觉敏感,另一种则是触觉迟钝。这种异常并不是每个自闭症儿童都会有的,通常可以通过自闭症儿童的以下表现来判断他们是否在触觉方面存在异常,从而更好地了解为什么他们会出现在穿衣服时大哭、不愿与人接触、拒绝洗手等行为。在了解掌握每个自闭症儿童所特有的原因后,要在日常生活中注意,从训练活动中进行改善,在与人交往过程中为他们减少障碍。

自闭症儿童触觉异常的主要表现如下。

对触摸或无害接触强烈抵触。例如,不喜欢别人的牵手、拥抱,即使是自己的亲人。在被触摸时,他们会表现出推开、挣扎、尖叫、哭等行为,有的会变得紧张或者出现刻板行为。

讨厌穿戴某些类型的衣物;不喜欢洗澡、游泳、刷牙和理发等。长期穿某种材质的衣服后,突然换了一种材质的衣物(如紧身的、毛衣)会让自闭症儿童感到十分不适应。

有些又表现出对柔软光滑物体的喜爱,喜欢被裹在被子或毯子里,似乎只有这样才会使他们安宁。

有些则喜欢搂抱和过多抚摸他人,黏人。

有些自闭症儿童发音不准确,安全意识差,对打骂不在乎,过分喜欢碰触各种东西,有强迫性行为。

有些自闭症儿童存在自残行为,如用头撞墙或桌子、掐自己或者别人的手背,这可能是因为他们缺乏痛觉,也可能是他们在寻求触觉刺激。

自闭症男童中有一些喜欢摆弄生殖器官,甚至有一些会去摸同桌男生的屁股。这种行为是缺乏触觉经历的常见表现。

个别自闭症儿童的走姿和步态会有异常,他们可能会用脚尖走路、走路时故意甩脚或用力踏下、脚掌内翻或者外翻。有些自闭症儿童会拒绝光脚走路或在毛毯、草地上行走。这可能是他们脚部触觉敏感引起的。

自闭症儿童的饮食方面会出现偏食、挑食、支持某一种特定的食物,这可能与他们口腔部分的触觉异常有关。他们在拒绝进食时,会通过拒绝使用某种餐具(如铁质餐具或者塑料餐具)、拒绝尝试新的食物、吃饭前用手去抓食物等行为来表现出自己的想法。

有些自闭症儿童不会做一些手指精细动作,如拉拉链、系扣子、拿勺子,这与他们手指尖的皮肤触觉异常有关。

(一)自闭症儿童触觉训练的目标

触觉发育的过程是辨别客观事物的过程,是自闭症儿童在日后学习过程中建构新知识体系的重要通道。在安排训练触觉的活动时,应该达到以下目标。

辨别皮肤的各种感觉(疼痛感、压力感、刺扎感、热感、冷感、摩擦感和触摸感)的不同;通过双手的触摸辨明水、沙子、泥土、碎石、泡沫、锯末、鹰嘴豆、豌豆等;通过触摸辨认他们所在地区盛产的各种水果;用容器盛满(或只盛一半)水(或沙、锯末),让孩子用手触摸辨认;通过触摸辨明某一物体是软还是硬,是光滑还是粗糙,是热还是冷等;通过触摸分清是曲线还是直线;通过触摸分清某物体属于哪一种材料:木材、塑料、玻璃、布、硬纸板、皮革和石块等;通过触摸辨明是什么物体;通过触摸辨认日常生活中或家庭及学校里常见的物体:球、叉、勺子、盘子、书、铅笔刀等;分辨不同物体触感的不同;通过触摸辨认不同几何图形的木板:三角形、圆形、四边形、直角等;通过触觉进行问候,如握手、接吻、拥抱、拍肩,经过训练,让孩子能熟练地运用,而且能用得恰如其分(根据被问候者友好、亲热的程度等等)。

(二)自闭症儿童触觉训练的内容和方法

对自闭症儿童进行触觉训练,首先要让他们识别不同的触觉感觉,然后运用触觉识别物体外形,在他们具备了一定的认知水平后再让他们通过触觉识别不同的物体以及身体不同的感觉。

(1)身体被触摸时的感觉。

通过触摸自闭症儿童的身体各个部位,如头、手、耳,让他们感知到被触摸。

(2)识别物体碰触身体的感觉。

用不同的训练材料,来形成对应的物体属性,如冷、暖、热,软、硬、尖、钝,让其感知物体碰触带来的触觉感受。

(3)识别主动触摸物体的感觉变化。

选用碰触材料,让自闭症儿童主动去感受各种物体的表面状况、物体的坚固程度及其属性、温度、形状、大小和湿度等。

(4)用触觉来认识物品的外形。

让自闭症儿童触摸物品,认识物品的形状,如长方形、正方形、球形。

(5)用手辨识常见物品。

在不透明的袋中装上相应的物品,让自闭症儿童通过触摸去辨识物体,如书本、乒乓球、文具盒。

(6)识别气候引起的感觉。

随着天气的变化和衣服的增减,来分辨身体对冷、热、凉、暖的感觉。

(三)自闭症儿童触觉训练的注意事项

触觉训练要注意自闭症儿童的触觉异常类型和接受程度,避免在训练过程中因训练力度过大或过小达不到训练要求。

对自闭症儿童触觉敏感部位要注意,适度调整训练的力度和方法,保证儿童能够接受训练。

不要长时间地触摸他们身体的任何一部分。如果必须触摸他们,轻柔地、充满关心地敲击、拍打他们的胳膊。

触觉训练时不必坚持要求自闭症儿童长时间坐在某一地方,可灵活选择能够促进他们接受训练的训练场所。

对于某种特殊触觉异常引起的行为,如玩弄生殖器,应该采用正确的行为矫正方法,来使其逐渐消退。

在给他们安排活动时,要有意识地把触觉的经历考虑进去。例如,进行抛接球可以选择使用硬的球。

如果他们"迷恋"于某一情况或运动,轻轻地身体接触或撞击,转移他们的注意力,开始新的活动。

第四节　自闭症儿童的本体觉训练

本体觉是人体的深度感觉,包括位置感觉和运动感觉,是提供关于肌肉、关节、韧带、肌腱和结缔组织信息的感觉系统,是人对于自己的位置、力量、方向和身体各部位动作的感觉,如能感觉到颈部是弯曲的还是直立的、胳膊是外伸的还是内展的。当本体感觉系统很好地工作时,人们可以通过空间知道身体的位置和运动,能够意识到完成活动需要多少力量以及能够自动调整身体的位置。因而,本体觉可以帮助人随时与地心引力保持协调的关系,例如做任何活动时不用特别注意身体、四肢的位置,也能很顺畅地完成相互关联的活动。

自闭症儿童本体觉失调可能存在的表现:动作不协调,走路容易摔倒,不能像其他孩子那样会翻滚、骑车、跳绳和拍球等;精细动作不良,不会系鞋带、扣纽扣、用筷子、手工能力较差;方向感差,容易迷路,容易走失,闭上眼睛容易摔跤;坐姿和站姿异常,喜欢趴在桌子上;喜欢踮脚走路、蹲着、伸屈四肢、戳自己的腮部、拉拽手指或是弄出指响;在做不熟悉或是复杂动作的时候有困难,如第一次穿溜冰鞋;即使是做最简单而且最熟悉的事情,也有困难,如穿衣服;喜欢不停地摆弄发卡、电源开关等物品;喜欢抻拉衣服、咀嚼衣袖或衣领;上、下楼梯有困难。

不难发现,以上的特征在正常儿童乃至成人身上不会有所体现,但是对于自闭症儿童来说,他们很难通过其他方式来弥补本体觉失调。本体觉失调同时伴随着前庭失调,所以对自闭症儿童进行观察、训练时常采用本体—前庭统合的方式来进行。

(一)自闭症儿童的本体觉训练的目标

本体觉训练对儿童的运动企划、提高动作的精细程度即不同的粗大运动的协调性有着直接的作用,它与前庭觉、视觉、听觉等感觉系统共同调控躯体平衡。对自闭症儿童的本体觉训练应达到下列目标。

认清身体的每一部分,并知道身体的各种姿势(坐、站立、跪、躺卧、前倾、后仰、左右倾斜等)和手臂、腿、脚、手、手指及脑袋的各种姿势;弄清日常活动的空间分配情况;辨明自己周围空间的主要方位,如上下、前后、左右、远近、内外、这边、那边;很快地说出什么东西在上面,什么东西在下面,什么东西在左边、右边、前边、后边、里面、外面;很快地说出家中和教室里各种物品的位置;画出他们熟悉的场所(如卧室、餐厅、客厅、教室和院子)的平面图,并同时标出各种家具在平面图上的位置;确定几条路线,让儿童作比较,说明哪条路远,哪条路近;学会走从自家到学校、到附近的电影院和其他常去的一些地方的路,同时让他们做比较,说出哪一条路最直最近,哪一条最远,哪一条最有趣,哪一条比较安全等;让儿童只看一眼,就能估计出物体的距离,并能回答下面的问题:位于同样距离的还有什么物体? 这两件物体哪一件最远? 让儿童蒙住双眼,随着老师发出的指令,在家里或在幼儿园的教室里走几个来回;借助一张平面图,让儿童在图中标出的地方走一趟;让儿童估算一下徒步走一段路所需的时间,然后再叫他们估算骑自行车、坐公共汽车、坐小汽车和穿溜冰鞋走同样距离的路需要多少时间;让孩子说出用慢步、正常步速、快步和奔跑四种方式走完同样一段距离的路所需时间的不同和疲劳程度的差异;对轻、重、很轻、很重的四种物体作出区别;掂一下重量相差不大的几种物体,然后依重量大小的顺序排列起来;在未经试验的情况下,说出一种物体能不能被挪动位置,能不能搬运走;对几种形状和大小相同的物体的重量进行比较后,按由轻到重或由重到轻的顺序排列;估计两种容器装满水时和不装水时重量的差别;将几种形状相同的物体按容积的大小排列起来;在未经试验的情况下,通过估算就知道两只容器的大小,并能将其中的一只放在另一只的里面;从各种不同的角度和不同姿势(站立时、坐着时、跪着时、从远处和近处)估算几种物体的大小;尽力使视觉、动作、方向和触觉协调一致,以便使某些特殊才能得到合理的发展;让儿童了解自己的能力,并让他们充分发挥自己的能力;扩大对自己身体的认识,并全面认识它的功能;从自己的身体感受到生命力的存在。

实现上述目标,能使孩子做到以下几点:扩大活动范围,无需大人的帮助就能从一个地方到达另一个地方;由孩子自己估算两地的距离,并单独走完这段距离;改变物体在空间的位置;增加孩子直接到某地去见人和取物的经验;增强对周围环境的认识能力。

一般来说,拥有滑梯、秋千、跷跷板和双杆等运动和娱乐器材的地方是进行常规本体觉训练的最合适场所,因为本体觉训练要求训练平衡能力,要让儿童爬滑梯、荡秋千、滑行、走平衡木、跳跃、在地上爬行。然而,并不是每个孩子都能进行这些活动。一些儿童在运动和娱乐器具上进行各种要杂技一样的活动觉得很过瘾,而一些儿童一登高就会头晕目眩,生怕从上面跌下来,他们只能在平地上活动。鼓励儿童(尤其是胆小的儿童)多从事类似的活动,不但可以训练其本体觉的发展,而且对于养成勇敢、刚毅的性格,促进心理健康发育均有十分重要的作用。

(二)自闭症儿童的本体觉训练的内容和方法

针对自闭症儿童本体觉的训练内容要注重自闭症儿童的差异性,视其感觉统合能力发展水平及其他伴随障碍的严重程度而定。在日常生活中以及学校的体育运动过程中就可以获得充分的本体觉刺激,这能够满足程度较轻的儿童的训练需要。但是对于存在本体感觉功能发展迟缓的儿童或想要提高本体感觉功能的儿童而言,就需要进行有明确目标的运动,需要儿童按照特定的目标要求完成有控制的动作。

本体感觉训练可选用的器材有滚筒、跳床、平衡木、滑板、S型平衡木、平衡板、脚踏车、羊角球、阳光隧道、袋鼠跳等。

第五节　自闭症儿童的前庭觉训练

　　前庭系统是感觉系统之一,负责掌管人的平衡感,主要功能为侦测地心引力。儿童的前庭系统早在胎儿期时就已经开始发展运作,所以越早给予适当的刺激,对于儿童的平衡感、反应灵敏度和动作敏捷、情绪稳定就越是有所助益。

　　前庭觉的运作帮助人们保持身体姿势的平衡和有效率的运动。当个体进行加速或减速活动时,前庭会调整头部的相对位置,以维持身体的平衡;在撞到东西或跌倒时能马上反应以保护身体。前庭觉掌管人体的平衡和空间方位的感应,如果发展不佳,可能会使人在不同的空间中迷失方向。光靠视觉,人是无法精准地判断空间方向的,必须结合前庭三半规管所提供的重力讯息,才能对所看到的景象赋予正确的诠释。前庭觉的有效运作,有助于维持人体各种姿势的平衡和协调,大幅提升生活作息的品质;前庭搭配其他的感觉系统,人才可以精准地判断空间,并保持个体运动时的平衡。儿童经常跑跑跳跳,而在追赶玩耍的同时,如果没有良好的前庭觉做基础,可能经常跌倒,很难快速地站起来。前庭觉和其他感觉系统的发展有密切的关系,如眼球的追视能力、专注力、阅读力、音感能力、触觉等。而前庭同时引导肌肉张力的正常发展,牵动着肌肉关节的活动,进而影响到姿势机能的统合。前庭系统与儿童的语言发展关系密切。语言的发展牵涉到视觉、听觉、触觉以及嘴、舌、喉部、声带、腹部等部位的肌肉动作,这些都与前庭的平衡反射相关联。所以当前庭系统发展不良时,儿童的语言发展会受到影响,而产生迟缓或障碍。前庭觉如果发展不佳,儿童的平衡感就会出现问题,不能精准地计算距离与测量高度、没有危险意识、大脑神经抑制功能失常、身体手眼无法协调等发展问题都可能发生;但如果过于敏感,儿童也可能会出现惧高胆小、容易晕车船、恶心呕吐等现象。一般而言,前庭觉发展不良、平衡反射失常时,孩子会好动不安,喜欢捉弄人、经常跌倒;视知觉空间感应失常、容易碰撞桌椅、方向感不分,眼球追视能力弱,专注力差,不喜欢阅读写字;听知觉音感能力不理想、对声音反应过大、语言发展迟缓;本体运动觉不佳、身体双侧协调困难、动作计划不当;甚至有脑神经抑制功能失常,引发情绪障碍等。

(一)训练目标

前庭觉是人体重要的感觉系统之一。前庭的功能在于维持人的正常姿势,保证个体大运动和精细运动的发展,维持个体的清醒和警觉状态,确保大脑皮层维持适当的兴奋性,协调个体的视觉、听觉和触觉进行有效的感觉,影响个体的情绪行为及社会交往。前庭功能训练的目标在于有效地调控个体的躯体平衡感和空间方位感,整合各种信息,协调感觉信息,感知运动调节注意力,促进脑功能的整体发展。

(二)训练器材

滑板、滑梯、平衡踩踏车、平衡台、晃动独木桥、圆形滑车、大陀螺、网状吊缆、竖抱筒吊缆、横抱筒吊缆、游泳圈吊缆、时光隧道、摇滚跷跷板、独脚凳、袋鼠跳等。

(三)训练方法

前庭觉训练的基本方法是让儿童的躯体处于"失衡状态",从而让前庭器官获得一定的感受刺激。具体训练方法如下。

(1)让儿童俯卧在滑板上,挺胸抬头,并拢双腿,从大滑梯上向下俯滑到地板上,并从地面再滑回起始处,反复来回滑行;

(2)坐在吊网内左右前后旋转摆动;

(3)走平衡台或走直线,拍球、运球行走;

(4)坐在羊角球上或站在蹦蹦床上跳跃;

(5)跳绳、荡秋千、在草地上翻滚、攀爬绳架等;

(6)坐在独脚椅上保持身体平衡;

(7)站在平衡台上接球或拍球;

(8)让儿童坐在盆底为半球形的塑料盆中轻轻摇晃,摇晃强度及时间根据儿童的反应进行调整。

第六章 自闭症儿童的动作发展与教育

动作的发展是由神经中枢、神经、肌肉协调控制完成的。从心理学的角度讲,动作是活动的组成部分,动作的发展是自闭症儿童活动发展的直接前提。因此,自闭症儿童的动作发展水平直接影响活动发展的程度。为了进一步提高自闭症儿童动作发展的水平,教师必须辅以适当的教育支持。

第一节 动作与动作障碍

动作是一个复杂的系统,它的出现涉及了肢体、躯干的肌肉、骨骼、关节协同活动等,具体表现为走路、跑步、投篮、跳跃等不同动作形式。如果个体的动作出现了问题,就会导致个体无法控制自身的躯干或者在行进中,无法顺利地实现预期的目的,严重影响个体的生活和学习。

一、动作的界定

有关动作的研究,不同学科对其的认识也各不相同。一方面,运动学认为在时间和空间的作用下,躯体的肌肉和关节一起活动,由于参与的肌肉和关节的数量不同,所构成的动作类型和强度也有不同。这个定义强调动作在外显形式上肌肉和关节的参与量。神经学认为,神经系统会参与到任意一个动作中,不管多么具有协同性和多水平的特点,特别是对人类的动作而言,脑的调控作用更为突出。

动作这个词是指那种宏观的肌肉收缩,动作是由宏观的肌肉群的收缩来实现的。

动作包括人体上肢、下肢、躯干3个部位,每个动作都是这三部分的组合,其中下肢和躯干的动作相对简单,比如躯干有挺直和弯曲,下肢有交互作用,屈膝、伸直等。而上肢动作在动作定义时只作为辅助动作,包括双臂下垂、自然摆臂、双臂弯曲、自然摆动。同时又要考虑加速度、位移、姿态角、人体轴面等信息。

另一方面,从心理学的角度而言,心理学将动作视为信息加工的过程和结果,认为动作是心理功能的外在表现。

动作是无意识或有意识的身体运动或运动系列。其对象既可以是客观事物,也可以是周围的人。根据受意识控制程度的高低,分为意志动作和冲动动作。一系列动作经过反复练习可以成为自动化的动作系统。

动作是指单个的不随意或随意动作,是简短的行为或行为的一部分。不随意运动大多属于非条件反射;随意运动就是意志活动。

动作是指由于骨骼和肌肉状态的变化引起的机体状态的改变。这种变化有时是受大脑控制在意识条件下发生的,有时处于无意识状态。

综上所述,无论运动学或心理学对动作的解释,可以认为动作绝对不只是肌肉的活动,也不仅仅是生理性的活动。动作是具有一定动机和目的并指向一定客体的运动系统。

二、动作障碍的界定

当个体对躯体内外的刺激做出一种不完整的行为反应时,就出现了我们所见到的动作障碍。动作障碍的出现,影响了个体对预期目的的执行和完成。有关动作障碍的界定,也是众说纷纭。

动作障碍表现为精神运动兴奋时,患者的言语动作显著增多,或者动作增多为主,或者言语增多为主。兴奋躁动明显时,表现为乱喊乱叫、东奔西走、撕衣毁物、敲门砸窗,或者阵发性冲动、破坏等行为;运动障碍表现为精神运动抑制时,患者的动作和言语普遍减少。轻者表现为动作迟缓、不愿多动、声音低小、缺乏主动性、表情淡漠等;重者则表现为不言不动、不吃不喝、表情呆板、对周围事物缺乏反应等。

动作障碍,顾名思义,即由意志所控制的动作出现了问题,不能随心所欲地执行动作。我们都知道,人体是由大脑发出指令,之后才有行动的产生,但是一旦大脑指令出了问题,平时轻易就能做到的动作可能就会变得非常缓慢,甚至无法行动。此时大脑的抑制性与选择性变差了,外在的表现就会有许多不自主的动作产生。

动作障碍可以包括全身性以及局限性动作失常,又可以突出表现为面部表情、身体姿态或者语言书写等各方面的运动和动作出现障碍。

动作障碍是由大脑发育问题导致的书写以及一系列动作行为障碍,动作障碍儿童有中等或中等偏上的智力水平,他们通常表现出以下行为特征:行为笨拙、精细动作和大动作控制困难;身体意识和姿势稳定性差;读写困难和执笔怪异。

综上所述,运动障碍源于脑部发育或脑部机能异常,导致个体对肢体或躯干控制出现问题,以至于影响个体的生活和学习。综合不同学者的观点可知,所谓动作障碍,是指由于大脑发育问题而导致的书写以及一系列动作行为障碍。具体包括:刻板动作,即无目的地重复某些简单的言语或动作;强迫动作,即个体明知不必要却又难以克制要去重复的动作,否则就会产生焦虑或不安;模仿动作,指个体毫无意义地模仿别人简单的动作;持续动作,指个体对一个有目的而且已经完成了的动作进行无意义的重复;其他类型,主要指行为笨拙、动作控制困难、身体平衡意识以及姿势稳定性差。

第二节 自闭症儿童动作的发展

自闭症儿童的动作发展与常态儿童相比而言,依然会按照人体生理发展的正常轨迹进行。但是,自闭症儿童的动作发展有独特之处。

一、自闭症儿童动作发展的表现

根据相关研究结果而言,自闭症儿童的动作发展的表现,主要体现在以下几个方面。

(1)自闭症儿童的粗大动作和精细动作都存在明显损伤,但是粗大动作的发展好于精细动作。

(2)多数自闭症儿童呈现感觉统合失调,一部分儿童身体动作协调性不好,或者能进行粗大运动,但是不能完成精细运动。

(3)从模仿能力的三个维度来看,自闭症儿童在粗大运动模仿上呈现优势,平均分达到 80 分以上,精细模仿处于当中位置,平均分在 70 分左右。

(4)自闭症儿童不会主动拿东西,手眼协调、指尖动作和手指伸展动作发展缓慢,基本上没有抓、放、拿、推、鼓掌、拍等行为动作。

(5)自闭症儿童协调能力差,手部无力。做手工时,灵巧性较差;拍皮球时,手部力量较弱,球拍不起来,手眼协调能力较弱。

(6)自闭症儿童控制平衡能力差,越过障碍时协调不好,经常摔跤,控制速度和力量的能力差,完成整个身体协调的动作有难度,大肌肉的力量和身体的耐力不足。

综上所述,自闭症儿童的动作发展的确存在障碍。主要表现在不能准确地拿取物品、不能参与正常的学习活动、不能够参与有效的大肌肉运动和小肌肉运动。说明自闭症儿童的大脑在处理肢体动作方面存在问题,而导致动作障碍。

二、自闭症儿童动作发展的特点

通过以往的相关研究文献资料可以发现,自闭症儿童在动作发展方面的确存在障碍,具体而言主要有以下几个方面的特点。

(一)协调能力较差

肢体的控制能力较差,很容易摔倒或者手眼协调不好。主要表现就是无法掌控身体重心,更无法控制自己的动作能力,包括支配能力、灵活度和平衡能力等等。

(二)大肌肉动作笨拙

跳跃、投掷以及跑步等动作过程中,会出现动作不协调、跌倒、姿势控制、肌肉张力不足等问题,影响预期目的的实现以及动作完成的质量。

(三)精细动作笨拙

执笔、使用筷子和勺子的时候会出现障碍;玩弄拼图时无法实现两指的拿捏等基本精细动作;无法完成画线、堆积木等基本动作;不能够自如地运用系扣子、穿衣服、叠被子等生活技能。

综上所述,自闭症儿童在动作发展方面存在障碍,包括协调性、大肌肉、小肌肉等动作的发展,都存在显著的障碍,并且影响着自闭症儿童的学习和生活。对此,教师应该采取有针对性的教育支持策略和教育支持活动。

第三节　自闭症儿童动作发展的评估

自闭症儿童动作发展的评估主要是借助客观的环境与学习资源,自闭症儿童能够在真实的学习环境中自然性地表现一些肢体动作,而教师则根据自闭症儿童的表现进行客观的记录,客观地考量自闭症儿童动作发展的水平与能力,并提出具体的教育建议。

一、自闭症儿童动作发展领域的评估工具

有关自闭症儿童心理发展水平的评估量表,包括《心理教育评估量表》《自闭症儿童发展评估表》《自闭症行为评估量表》(ABC)、《儿童自闭症评定量表》(CARS)、《韦氏学前儿童智力量表》《克氏行为量表》《儿童适应行为量表》等。

《心理教育评定量表》中,动作发展领域评估项目共 138 项。其中,粗大动作领域评估项目 72 项,精细动作领域评估项目 66 项。主要评估自闭症儿童坐姿、站姿以及爬、坐、行走等动作的平衡性、协调性以及自闭症儿童摆弄物品、基本操作、双手配合、手眼协调等使用工具的能力。

二、自闭症儿童动作发展领域的评估项目与内容举例

本章节结合不同的评估工具,对自闭症儿童动作发展领域的评估操作过程进行了简要的汇总。

教师或者家长可以根据实际情况以及自闭症儿童的实际能力有所侧重地进行评估,也可以选择适当的项目进行评估,还可以自己设定相关游

戏内容进行评估。评估过程中需要结合具体情况灵活应对,更需要采取多种方法相互结合。

三、注意事项

自闭症儿童动作发展的评估应注意以下几方面:

(1)注意避免由于动作评估而导致的二次伤害;

(2)将动作评估与游戏活动进行结合,注重评估过程中的生活化和游戏性;

(3)注重结合生活环境进行评估,包括楼梯、马路、行人通道等;

(4)结合多种评估方法进行评估,保证评估结果的科学性。

第四节　大肌肉动作干预对自闭症儿童执行功能的实验影响研究

一、基础理论及相关研究

(一)相关概念界定

1.大肌肉动作技能

动作发展的过程十分复杂,是人类适应外界环境的重要方法和途径。根据参与动作的肌肉部位不同可以分为大肌肉动作和精细动作。大肌肉动作技能包括走、跑、跳和投等,又被称为粗大动作技能或基础运动技能,指由身体的大肌肉或大肌肉群参与完成的动作;精细动作指由身体的小肌肉或小肌肉群产生的动作,如书写、画画等[①]。大肌肉动作先于精细动作的发展,是儿童最早、最容易掌握的运动技能,是人类各种行为发展的基础,它包括身体位移技能和物体操作技能,身体位移技能指走、跑、跳、

---

① Greg Payne,耿培新,梁国立.人类动作发展概论[M].北京:人民教育出版社,2008.

滑动等能产生位置移动的运动技能;物体操作技能指运用各种诸如拍、投、抛、接、踢、击、顶等身体动作对器械进行操作和控制。

本节中大肌肉动作技能指以身体大肌肉参与为主完成运动目标的动作技能,包括身体位移技能和物体操作技能。

2. 执行功能

执行功能(Executive Function)最早出自20世纪70年代对前额叶皮层损伤的研究,随着有关研究的丰富,人们逐渐意识到它是一组内部相互关联的高级认知能力,涉及含义也相当广泛,包括认知灵活性、自我监督、抑制控制、工作记忆、组织、刷新、计划等,是当前心理学研究的焦点[①]。到目前为止,对执行功能的内涵和外延的认识并未统一,被广泛接受的是由Miyake提出的抑制控制、工作记忆和认知灵活性三成分模型理论[②]。其中抑制控制(Inhibition Control)被看作执行功能的核心成分,指个体为了做出恰当的反应或正确地识别目标刺激而抑制优势反应或忽略干扰刺激的能力;工作记忆(Work Memory)是用于处理活动记忆中暂存信息的认知过程;认知灵活性(Cognitive Flexibility)又被称为思维或心理灵活性或定势转移,是一种高级的认知能力,它建立在工作记忆和抑制控制的基础上,发展相对较晚,是指依据情境的需要而转变想法和行动的能力[③]。

综上所述,本节所指的执行功能是:个体有意识地操控自身思想及行为的心理过程,包括抑制控制、工作记忆和认知灵活性三个子成分。

(二)大肌肉动作技能发展研究

1. 国内外大肌肉动作技能发展研究

动作发展研究最早可追溯到19世纪,高尔顿通过对个体在各个年龄

---

① 陈晶晶.8—16岁孤独症儿童心理理论和执行功能研究[D].陕西师范大学,2014.

② Barkley, R. A. (2012). Executive functions: What are they, how they work, and why they evolved. New York: Guilford Press.

③ Davidson, M. C., Amso, D., Anderson, L. C., & Diamond, A. Development of cognitive control and executive functions from 4 to 13 years: Evidence from manipulations of memory, inhibition, and task switching. Neuropsychologia, 2006, 44(11): 2037—2078.

段动作技能表现的探索开启了动作发展的系统性研究。随着研究的不断深入,20 世纪初人们开始关注动作能力对儿童认知和情感等心理发展的影响[①]。在不断探索中动作技能发展模型被提出并得到广泛的认可。1980 年 Seefeldt 提出的"金字塔模型"反映出儿童发育早期是基本动作技能发展的最关键也是最佳时期,如果错过这个时期就无法获得更高层级的动作技能。2002 年 Clark 和 Metcalfe 的动作发展山峰概念指出,动作技能发展程度因人而异,个体经验与所处环境是主要影响因素而非年龄,这与 Seefeldt[②]观点一致,认为个体 7 岁时基本动作技能的充分发展能为动作技能的良好发展奠定基础。

相比之下国内相关研究起步较晚。《动作与心理发展》与《人类动作发展概论》从整体和部分两个方面来系统阐述儿童大肌肉动作的发展特征。宁科[③]等人对 3—6 岁学前儿童大肌肉动作发展水平的年龄和性别特征进行了探讨,发现大肌肉动发展测试得分与年龄正相关,其中操作性技能得分低于移动性技能;除 3 岁低龄组外,同龄组男童大肌肉动作技能优于女童。刘莹莹[④]通过测试儿童大肌肉动作发展水平发现,城市儿童的物体控制能力明显高于农村儿童,不同的年龄段儿童的动作发展速率不同,如立定跳远等动作在 3—4 岁年龄区间内发展缓慢,而拍球等动作的发展平缓则出现在 4—5 岁时,具体到某个动作发展水平时呈现出性别差异,如单脚跳女童得分明显高于男童,而踢球动作则反之。

研究指出,3—6 岁是个体大肌肉动作的快速发展期,这一时期个体动作发展产生缺陷而未能及时补救,可能会对运动能力的发展产生不良影响,严重的甚至会殃及其他领域的正常发育;反之,如若抓住关键期并

① 何玉红.大肌肉动作发展评估及其对学前教育的启示[J].幼儿教育,2017(Z6):21—25+35.
② Miyake A,Friedman N P,Emerson M J,et al. The Unity and Diversity of Executive Function and Thei r Contributions to Complex"Frontal Lobe"Tasks:A Latent Variable Analysis[J].Cognitive Psychology,2000,41(1):49—100.
③ 宁科,沈信生,邵晓军.学前儿童大肌肉动作发展水平年龄和性别特征研究[J].中国儿童保健杂志,2016,24(12):1322—1325.
④ 刘莹莹.山东省 3—6 岁幼儿大肌肉动作发展特征研究[J].山东体育科技,2018,40(3):57—61.

进行科学评价和针对性训练,将对个体的身心发展产生事半功倍的促进作用。Clark 将大肌肉动作称为"潜存在今后运动技能中的主要协调方式",认为大肌肉动作能为个体以后从事各种体育活动奠定基础。个体大肌肉动作的发展要早于精细动作,且对精细动作的发展起到促进作用;复杂运动技能的学习以大肌肉动作为基础,能帮助儿童更好地掌握技能、尽早学会独立,提高知识和技能掌握的数量与质量,对儿童自我效能感的提高、健康心理的形成和良好社会适应能力的培养都大有益处。对儿童大肌肉动作发展进行科学有效的指导训练,将对认知、情绪和社会行为方面的发展产生重要影响,促进正常生长发育和身体机能的提高[1]。

综上所述,国外对儿童大肌肉动作发展特征的研究起步早,提出多种理论模型,在发展中逐渐整合完善;国内的研究起步较晚,近年在多方面研究中取得突破。总结来说儿童大肌肉动作的发展特征表现为总体上与年龄呈正相关关系;3—6 岁是大肌肉动作的快速发展期,抓住快速发展期并进行科学评价和针对性训练,将对个体的发展产生事半功倍的促进作用。

2. 自闭症儿童大肌肉动作技能发展研究

自闭症是一种脑部神经发育障碍性疾病,会影响其运动能力的正常发展,通常以大肌肉动作和精细动作发展迟缓或障碍、身体平衡性差与手脚不协调的形式表现出来[2]。近年来相关领域对特殊儿童发展研究十分重视,关于大肌肉动作发展的横向与纵向研究也逐渐在自闭症儿童中展开。Jordan[3] 等人通过对普通儿童和自闭症儿童进行大肌肉动作发育与语言表达问题的比较研究,发现与同龄普通儿童相比,自闭症儿童在两个

---

① 董奇,陶沙.动作与心理发展[M].第二版.北京:北京师范大学出版社,2004:8—10.

② 张黎.关于孤独症儿童康复训练以及临床研究[J].中西医结合心血管病电子杂志,2019,7(19):62—63.

③ Jordan Wickstrom, Cristan Farmer. Patterns of delay in early gross motor and expressive language milestone attainment in probands with genetic conditions versus idiopathic ASD from SFARI registries[J]. Journal of Child Psychology and Psychiatry. 2021.

方面上都出现了明显的发育缺陷。Anantha[①] 的研究证实,与普通儿童相比自闭症儿童表现出较低的身体素质和明显的大肌肉动作发育迟缓的问题,这影响了他们动作技能的学习。一项回顾 24 项有关自闭症儿童基本动作技能发展的研究结果进一步证实了这一结论,结果显示不管是在纵向研究中与语言发育迟缓的儿童相比,还是在横向研究中与注意缺陷多动障碍的儿童相比,自闭症儿童都被发现在发育早期就已存在基本动作技能发展迟缓或缺陷问题,而且随着年龄的增长会更加突出,并解释这可能是自闭症儿童模仿和感知运动技能障碍这种固有特征导致的[②]。王琳[③]等人的研究得出了同样的结论,指出除以上症状外自闭症儿童还有表现出步态异常、身体控制能力差和物体操作缺陷等动作发展障碍。

　　大肌肉动作技能包括身体位移技能和物体操作技能两个部分,对自闭症儿童的日常活动和基本运动能力的发展意义重大。任园春[④]等人的研究发现,具有行为、情绪和广泛发育障碍的儿童存在大肌肉动作能力发展滞后问题,而大肌肉动作发展问题又会反过来影响儿童的身体活动、社会心理和运动技能的发展。裴晶晶[⑤]等人探讨了大肌肉运动干预对自闭症儿童感觉统合功能的影响,结果发现,科学有效的大肌肉运动干预对改善自闭症患者的前庭功能、促进身体位移及物体控制能力的发展效果良好。另有学者从社会适应性及学业成绩方面探讨与儿童大肌肉动作技能

————————

　　①　R Anantha Ravi ,Dr. W Vinu. Outcome of physical exercises on development of motor skill in children with autism[J]International Journal of Physiology,Nutrition and Physical Education. 2019;4(1)：2030−2032.

　　②　Aditi Gandotra,Eszter Kotyuk,Anna Szekely et al. Fundamental movement skills in children with autism spectrum disorder：A systematic review[J]. Research in Autism Disorders,2020,78.

　　③　王琳,王志丹,邢冰冰. 孤独症谱系障碍儿童动作发展障碍研究进展[J].陕西学前师范学院学报,2021,37(8):16−22.

　　④　任园春,赵琳琳,王芳,程嘉,潘启强. 不同大肌肉动作发展水平儿童体质、行为及认知功能特点[J].北京体育大学学报,2013,36(3):79−84.

　　⑤　裴晶晶,袁雷,李学恒. 大肌肉群运动干预对孤独症儿童感觉统合功能的影响[J].天津体育学院学报,2019,34(6):527−532+552.

发展水平之间的关系,结果发现二者均与大肌肉动作技能存在显著的正相关关系。在大肌肉动作学习中需要持续关注教师的动作,能在潜移默化中培养身体控制能力和心理功能,对运动能力、社会适应性及学业成绩产生促进作用。

综上所述,自闭症儿童大肌肉动作发展滞后、运动障碍问题已得到大量研究证实,且在儿童发育早期就已出现,如果不及时进行科学有效干预会随着年龄的增长而加重并引发认知等心理发育障碍,严重影响儿童日后的身体健康、生活质量及社会功能。重视自闭症儿童的大肌肉动作发展障碍及由此引发的问题,抓住儿童大肌肉动作快速发展期,进行科学的评价和有针对性的指导训练,以达到不同程度改善患儿症状的目的是未来相关研究的侧重点。

(三)运动干预改善自闭症儿童孤独程度的相关研究

自闭症是发育性神经系统疾病,由于病因不明,干预方法的选择具有多样性。常见的干预方法主要包括心理、药物和运动干预,但专业要求性高、费用高昂、非专业人员参与受限,致使多种干预方法难以大面积普及。作为儿童康复领域中常用的辅助手段,运动干预能够改善自闭症程度的观点已获得越来越多实证研究的支持,在国家政策层面也确立了运动干预的积极作用和价值。2016 年中华人民共和国国务院颁布的《"健康中国 2030"规划纲要》中明确提出,要加强体医融合和非医疗健康干预,推动形成体医结合的疾病管理与健康服务模式。2021 年国务院印发的《全民健身计划(2021—2025 年)》中再次强调要推动体卫融合,探索建立体育和卫生健康等部门协同、全社会共同参与的运动促进健康模式,推进全民健身融合发展。

对运动干预改善孤独程度的研究主要集中在个体或团体、运动项目的影响上。张志勇[1]等通过个案研究,进行为期 12 周的密集体育游戏干

---

① 张志勇,邓淑红.自闭症儿童体育游戏干预个案研究[J].体育科学,2010,30(8):49-56.

预,结果发现自闭症儿童的社会交往有显著改善。钱旭强[①]研究得出,适应性体育活动干预能有效缓解自闭症儿童的社会交往障碍并促进其他领域能力的发展。有学者着眼于团体的运动干预研究,如CaiK等[②]Wang J等[③]都通过小篮球训练分别对59名和33名自闭症儿童围绕身体健康和核心症状进行训练,结果发现小篮球训练对儿童体能测试表现、社会沟通、重复行为等多方面均有积极影响。董晓晓等[④]的研究结果也表现出相似性,同样以小篮球运动为干预内容,发现实验后重复刻板行为明显减少。Bahrami等[⑤]的研究指出,14周的空手道训练对降低自闭症儿童的重复刻板行为具有显著正向影响,在停止训练后这种影响可以持续1个月以上。Tse[⑥]等的研究证明了拍击球的运动干预对改善自闭症儿童具体的刻板行为效果显著。Bremer[⑦]等采用基本运动技能干预发现,对改善自闭症儿童的动作发展障碍效果显著,干预效果通过位移技能和物体

①　钱旭强.适应体育理念下的自闭症幼儿体育干预研究综述[J].绥化学院学报,2013,33(4):99—103.

②　Cai K，Wang J，Liu Z,et al. Mini—basketball training program improves physical fitness and social communication in preschool children with autism spectrum disoders[J].Journal of Human Kinetics,2020,73:267.

③　Wang J，Cai K，Liu Z, et al. Effects of mini—basketball training program on executive functions and core symptoms among preschool children with autism spectrum disorders [J]. Brain Sciences，2020,10(5):263.

④　董晓晓,陈爱国,刘智妹,等.小篮球运动对学龄前孤独症儿童重复刻板行为及脑灰质体积的影响[J].中国体育科技,2020,56(11):25—31.

⑤　Bahrami F,Movahedi A,Marandi S M,et al. Kata techniques training consistently decreases stereotypy in children with autism spectrum disorder[J]. Research in developmental disabilities,2012,33(4):83—93.

⑥　Tse C A, Pang C L, Lee P H. Choosing an appropriate physical exercise to reduce stereotypic behavior in children with autism spectrum disorders:A non—randomized crossover study [J]. Journal of Autism and Developmental Disorders,2018,48(5):1666—1672.

⑦　Bremer E，Lloyd M. School—based fundamental—motor—skill intervention for children with autism—like characteristics:An exploratory study[J]. Adapted Physical Activity Quarterly, 2016,33(1):66—88.

操作技能测试得分的提高表现出来。张骏[①]以体育游戏干预自闭症儿童行为,发现在语言、情感、行为表达和运动能力方面均存在促进效果。

综上所述,运动干预能对自闭症儿童的社会交流、重复刻板行为的减少、运动发展障碍的发展与提高产生影响。在已有的对自闭症儿童症状的运动干预研究中,相关学者主要从运动项目、个体或团体方面进行探索,大肌肉动作技能作为掌握其他运动技能的基础,能够促进自闭症儿童其他技能的学习与提高,因此本节从大肌肉动作技能的干预效果出发,探讨大肌肉动作技能与自闭症儿童症状之间的联系,为运动干预对特殊儿童发展的影响提供一定理论依据。

(四)执行功能发展研究

1.国内外儿童执行功能发展特点研究

人类的执行功能并不是与生俱来的,但从出生开始就具备发展这一功能的潜力。研究证实早在幼儿期执行功能的发展就已经开始显露,抑制控制能力在2岁以前就已经处于萌芽状态。杨硕等[②]探讨幼儿执行功能发展特点,发现随着年龄的不断增长、前额叶的发展变化,3~6岁幼儿执行功能水平及其各子功能有所提升,且具有统计学意义。Chevalier[③]等认为5~7岁之间是执行功能各成分,包括抑制控制和工作记忆等能力发展的敏感期。我国学者吴慧中[④]等的研究证明,个体在6岁之前,尤其是3~4岁这个阶段,是执行功能各子成分发展的重要时期。

不同于针对学前儿童的研究结果,得出学前阶段是促进个体大脑发育、推动执行功能发展的重要阶段,另有学者扩大被试年龄范围,从发展

① 张骏.体育运动干预对自闭症儿童行为及生活质量的影响[J].中国临床研究,2017,30(9):1244-1246.

② 杨硕,李亚梦,付若凡,等.3~6岁幼儿粗大动作与执行功能发展特点及关系研究[J].中国体育科技,2022,58(3):51-58.

③ Chevalier,N,James,T. D,Wiebe,S. A. Nelson,J. M,&Espy,K. A. (2014).Contribution of Reactive and Proactive Control to Children'S Working Memory Performance:Insight from Item Recall Durations in Response Sequence Planning. Developmental Psychol093,50(7),1999-2008.

④ 吴慧中,王明怡.2-3.5岁儿童执行功能发展特点及言语能力的影响[J].心理发展与育,2015,31(6):654-660.

角度探讨儿童执行功能的发展特点。文萍和李红[1]探究儿童的执行功能发展规律,对年龄在6～11岁的儿童做了9种不同的任务测试,发现执行功能在7～8岁和9～10岁时存在着两个快速增长期。周玫与周晓林[2]认为,儿童6岁之后能够逐渐制定出简单的策略、开始变得有计划性,随着认知水平的发展提高,10岁左右能在完成任务时更有效地表现出控制行为,到12岁以后,儿童在思维能力等各种能力的发展上逐渐接近成人水平;直到青春期个体的执行功能继续发展、各项能力趋于成熟,即儿童执行功能的成熟发展需经过6岁、10岁和12岁3个阶段的发展。

综合以上研究,个体执行功能发展具有年龄跨度大、发展不平衡的特点,其中儿童早期是执行功能发展的重要时期,10岁以前是执行功能的快速发展期,早期执行功能的发展能够对未来成就产生重要的预测作用。随着年龄的不断增长,普通儿童的执行功能中多项指标到12岁左右基本能够发展到成人水平。

2.自闭症儿童执行功能发展研究

执行功能被认为是认知能力的核心,目前许多研究者尝试从认知缺损角度来探讨自闭症,并提出了执行功能障碍理论(Executive dysfunction theory),主要用于自闭症患者的刻板和重复性行为的解释[3]。已有的研究指出,自闭症患者在学龄前期可能就已经出现执行功能缺陷,且执行功能多个维度都存在受损问题[4]。

抑制控制被看作执行功能的核心成分。Christ[5]等通过对比不同年龄段自闭症儿童和普通儿童的抑制控制能力测试结果,发现自闭症儿童

① 文萍,李红.6～11岁儿童执行功能发展研究[J].心理学探新,2007(3):38－43.

② 周玫,周晓林.儿童执行功能与情绪调节[J].心理与行为研究,2003,1(3):194－199.

③ 董晓晓.孤独症"行为与脑协同改善"运动干预模式的构建与验证研究[D].扬州大学,2023.

④ Garon N,Smith I M,Bryson S E. Early executive dyfunction in ASD:Simple versus complex skills[J]. Autism Research,2018,11(2):318－330.

⑤ Christ S E,Holt D D,White. D A,et al. Inhibitory Control in Children with Autism Spectrum Disorder [J]. Journal of Autism and Developmental Disorders,2007,37(6):1155－1165.

在部分抑制能力方面存在缺陷。Robinsona[①]等研究得出,与注意缺陷的儿童相比,自闭症儿童存在情绪转换与情绪控制功能的障碍,与普通儿童相比自闭症儿童无法很好地规避错误信息,存在抑制控制障碍,生活中容易出现自残和攻击他人的行为。近年来,研究者还将自闭症儿童的抑制控制能力与临床核心症状联系起来分析,发现抑制能力与临床症状中反复出现的重复刻板行为密切相关,其抑制能力缺陷的生理机制与额叶和顶叶下部皮层激活程度有关[②]。

工作记忆是执行功能的重要组成成分之一,是用于处理活动记忆中暂存信息的认知过程,在个体的日常生活中发挥着重要作用。研究发现,自闭症儿童的工作记忆比普通儿童差[③]。Boucher[④]通过对自闭症儿童回声记忆容量的研究发现,与同龄的普通儿童相比自闭症儿童的记忆再现能力较差,表明自闭症儿童存在工作记忆缺陷。李雪[⑤]等对 6—18 岁的42 名高功能自闭症儿童与普通儿童的执行功能进行比较后发现,高功能自闭症儿童在执行功能上表现出广泛异常,工作记忆的异常主要表现在细节记忆能力方面,明显低于普通儿童;并且发现自闭症儿童工作记忆越差社会交往障碍越突出。

认知灵活性是个体根据需要快速转变想法和行动的能力。Ozonoff[⑥]等在对自闭症儿童进行的一项为期三年的纵向研究中发现,自闭症儿童

① Robinsona S,Goddardb L,Dritschelc B,et al. Executive functioms in children with Autism Spectrum Disorders[J]. Brain and Cognition ,2009,71(3):362—368.

② Agam Y. Joseph R M,Barton J J S,et al. Reduced cognitive control of response inhibition by the anterior cingulate cortex in autism spectrum disorders[J]. Neuroimage,2010,52(1):336—347.

③ Goldberg M C,Mostofsky S H,Cutting L E,et al. Subtle Executive Impairment in Children with Autism and Children with ADHD[J]. Journal of Autism and Developmental Disorders,2005,35(3):279—293.

④ Bennetto L,Pennington B F,Rogers S J. Intact and Impaired Memory Functions in Autism[J]. Child Development,1996,67(4):1816—1835.

⑤ 李雪,刘靖,杨文,等. 高功能孤独症儿童执行功能和心理推理能力特点及临床症状[J]. 中国心理卫生杂志,2012,26(8):584—589.

⑥ Ozonoff S,Strayer D L. Further evidence of intact working memory in autism [J]. Journal of autism and developmental disorders,2001,31(3):257—263.

在完成灵活转换任务时会出现重复性错误,存在认知灵活性障碍。一项采用 WCST 变式对自闭症患者进行测试的研究得出了与 Ozonoff 一致的结论。我国自闭症儿童认知灵活性的研究也在逐年增加。李咏梅[①]等通过对比研究发现,与普通儿童相比自闭症儿童的认知灵活性表现不佳。阳雨露[②]等在高功能自闭症患者认知灵活性和刻板重复行为关系的研究中,在对 46 名高功能自闭症患者测试后发现,认知灵活性越差刻板重复行为越严重,自闭症儿童认知灵活性障碍问题主要表现在重复性和规定性行为。

综上所述,执行功能多个维度在自闭症儿童的发展中存在的受损情况,并与其核心症状密切相关。抑制控制能力缺陷会导致其无法很好地控制自身的情绪与行为,生活中容易出现自残和攻击他人的行为等;工作记忆障碍会导致社交、言语理解以及推理能力上的障碍;认知灵活性的不足,会形成认知转换障碍进而造成重复刻板行为的发生[③]。自闭症患者执行功能障碍会对其生活和学习等方面带来不良影响,寻找一种有效的干预手段来改善自闭症患者执行功能的缺陷显得十分重要。

3. 运动干预提高自闭症儿童执行功能的相关研究

体育运动对人们的生理和心理具有积极的促进作用,它能被作为促进人们身心健康发展的一种有效手段而实施。执行功能作为一种成分复杂的高级认知过程,运动与其之间的关系一直备受各领域研究者的关注,有研究指出,体育运动不仅可以改善普通儿童的执行功能发展,还可以改善自闭症儿童的执行功能[④]。

---

① 李咏梅,邹小兵,李建英等.高功能孤独症和 Asperger 综合征儿童的执行功能[J].中国心理卫生杂志,2005(3):168－170.

② 阳雨露,李雪,刘靖,等.高功能孤独症患儿刻板重复行为与认知灵活性和抑制控制能力的关系研究[J].中国全科医学,2019,22(8):983－988.

③ 贺荟中,梁志高.自闭症儿童执行功能研究述评[J].教育理论与实践,2013,33(31):45－48.

④ Pan C, Chu C, Tsai C, et al. The impacts of physical activity intervention on physical and cognitive outcomes in children with autism spectrum disorder[J]. Autism, 2017,21(2):190－202.

表 6-1 自闭症儿童运动干预文献信息表

作者	研究目的	研究对象	干预形式	研究结果
Anderson 等①	运动游戏对自闭症儿童重复行为和认知的影响	12名学龄期自闭症儿童	健身游戏	经过健身游戏干预后自闭症儿童的注意力和工作记忆能力都得到了显著的改善
Chan 等②	自闭症儿童的自我控制能力	46名自闭症儿童	4周传统中药身心运动内阳功训练	内阳功相比与传统的渐进式肌肉放松法有着较好的作用。主要表现在自闭症儿童的自控能力方面的提高,情绪爆发和刻板行为的缓解。
Hilton③等	运动游戏对自闭症儿童执行功能和运动技能的影响	7名6~14岁的自闭症儿童	30节运动游戏	工作记忆和元认知指数上有着显著的改善
Golden④	虚拟现实主动视频游戏对自闭症儿童身体活动与执行功能的短期影响	11名8~11岁的自闭症儿童和11名普通儿童	虚拟现实主动视频游戏	与普通儿童相比自闭症儿童在反应时和准确率上有边缘性显著差异。虚拟现实主动视频游戏可以作为一种辅助的体育活动手段来改善自闭症儿童的执行功能

---

① Pan C，Chu C，Tsai C，et al. The impacts of physical activity intervention on physical and cognitive outcomes in children with autism spectrum disorder[J]. Autism，2017,21(2):190—202.

② Anderson Hanley C，Tureck S. Autism and exergaming:effects on repetitive behaviors and cognition [J]. Psychology Research and Behavior Management,2011(4):129—137.

③ Chan A S,Sze S L,Siu N Y,et al. A Chinese Mind—Body Exercise Improve Self—Control of Children with Autism:A Randomized Controlled Trial[J]. PLOS ONE,,2013,8(7):e68084.

④ Hilton C L,Cumpata K,Klohr C，et al. Effects of exergaming on executive function and motor skills in children with autism spectrum disorder:a pilot study[J]. Am J Occup Ther,2014,68(1):57—65.

续表

作者	研究目的	研究对象	干预形式	研究结果
Pan[①]	体育活动干预对患有自闭症的男孩运动技能能力和执行功能的影响	年龄为9.08岁±1.75岁的22名自闭症男孩	12周的乒乓球训练	被试儿童的执行功能得到了显著提高，提示乒乓球运动干预可能是治疗自闭症谱系障碍儿童的可行治疗选择
朱瑜[②]等	自闭症儿童经过针对性小篮球运动干预后，工作记忆能力是否能得到改善	45名7～9岁的学习障碍儿童	针对性小篮球运动干预	适应性篮球对自闭症儿童的视觉工作记忆和视觉工作记忆能力有着独特的作用，即适应性小篮球运动可以显著改善自闭症儿童工作记忆能力。
潘红玲[③]等	体育游戏对自闭症儿童沟通行为的影响	3名3～6岁自闭症儿童	12周体育游戏的密集干预	体育游戏对部分自闭症儿童沟通行为的改善有积极的促进作用
王金贵[④]	小篮球运动对学龄前自闭症儿童对执行功能及静息态脑功能局部一致性的影响	59名学龄前自闭症儿童	12周的小篮球运动训练	12周小篮球运动可以有效改善学龄前自闭症儿童的执行功能
李瑛[⑤]	探究不同类型游戏对自闭症儿童执行功能的影响	24名平均年龄为3.17岁的自闭症儿童	8周体育游戏、假装游戏和综合游戏	不同类型的游戏对自闭症儿童执行功能的影响主要表现在工作记忆和认知灵活性上，且综合游戏的干预效果优于单一游戏

① Golden. The short term effect of Xbox Kinect active video game on physical activity levels and executive function in children with and without autism spectrum disorder [J]. Dissertations & Theses Grad works,2015.

② 朱瑜,许狲,万芹,等.适应体育运动干预对孤独症谱系障碍儿童视觉工作记忆的影响[J].中国体育科技,2017,53(3):55－62.

③ 潘红玲,李艳翎,谭慧.体育游戏对孤独症儿童沟通行为影响的个案研究[J].武汉体育学院学报,2018,52(1):95－100.

④ 王金贵.小篮球运动对学龄前孤独症谱系障碍儿童执行功能及静息态脑功能局部一致性的影响[D].扬州大学,2020.

⑤ 李瑛.不同类型游戏干预对孤独症儿童执行功能的影响研究[D].新疆师范大学,2022.

通过对文献收集和整理发现,自闭症儿童运动能力与认知发展及问题行为之间联系密切,运动对提高自闭症儿童的执行功能效果显著,不同的运动项目和组织形式对执行功能的影响效果不同。目前对自闭症儿童执行功能运动干预的研究多集中于不同运动项目上,其中,球类和游戏等开放性运动项目对自闭症儿童执行功能的影响最为显著;与球类、游戏等较为复杂的运动项目相比,大肌肉动作更容易被自闭症儿童适应和接受。综上所述,大肌肉动作技能对自闭症儿童的执行功能能产生一定的影响。

4. 执行功能测评方法

自上世纪 70 年代对执行功能的研究开始,国际上测量儿童执行功能的方法层出不穷,其中不乏一部分研究者为实现提高测量的信效度这一目的,在经典测量方法的基础上修改编制,以更好地应用于不同年龄阶段和国家地区的被试对象。由于执行功能概念目前并未完全统一,不同学科在检测被试执行功能时所采用的方法并不一致。其中,心理学和教育学的相关研究中,大多研究者通过心理测量任务来评估执行功能的发展水平。心理测量任务是通过被试对象完成测试任务时的具体表现或得分来评估其执行功能发展水平的方法[①]。目前,最为常见的方法是采用多个任务测评其不同方面,或选用 2 到 3 种同类任务以实现具体某一方面的评估。通过对文献的梳理发现,主要通过对三个子成分的测评而判定执行功能发展水平,测评方法主要有以下几种:

表 6-2   自闭症儿童常用的执行功能测评方法

	任务名称	操作过程
抑制控制	Go/No-Go 任务	主要测查被试抑制优势反应的能力,记录被试在某些特定刺激和其他刺激下的反应和正确率。当屏幕上出现 Go 刺激时,被试要快速、准确地按下按键,在出现 no-go 刺激时控制自己不去按键。
	Stop-Signal 任务	当呈现的刺激出现停止信号时,被试需要抑制自己对刺激做出按键反应,该任务利用刺激信息和停止信号交互呈现方式,对自闭症儿童主动做出抑制的反应进行有效测量。

---

① 张晨晨.大班幼儿器械操控能力与执行功能的相关及干预研究[D].华东师范大学,2018.

续表

	任务名称	操作过程
抑制控制	Stroop 任务	抑制控制研究的经典任务之一,测试时向被试呈现颜色与字义不符的字符,被试需要说出字符的颜色、忽略字义或者报告字义、忽略颜色等。自闭症儿童的言语发展滞后或障碍,在主动探究字词语义方面存在一定困难,为了更好地研究自闭症儿童的抑制控制能力,研究者们改进了 Stroop 任务,发展出了若干变式,如昼/夜 Stroop 任务、动物 Stroop 任务等。
	Flanker 任务	同时呈现属性相近的干扰刺激与靶刺激,要求被试在干扰刺激中识别与确认指出靶刺激的位置与方向,忽略无关刺激的干扰。
	Windows 任务	属于混合执行/心理理论任务,实验者在场的情况下要求被试推测某个盒子的作用,该盒子内无所需物体且肉眼可见,被试需要避免自己说出真相,并诱导对方说出来。
工作记忆	N—Back 任务	任务要求将当前刺激与前面第 n 个刺激做比较,当 n=1 时,要求被试比较当前刺激和前一个刺激是否相同;当 n=2 时,则比较当前刺激和前面隔一个位置的刺激是否相同,依此类推,通过控制当前刺激与目标刺激间隔的个数来确定任务难度。
	数字倒背任务	根据儿童版韦氏智力量表中的数字倒背分量表改编,用于检测儿童的工作记忆。在该任务中,教师以每秒 1 位数的速度阐述不相邻的数字,儿童把听到的数字按相反顺序报告。
认知灵活性	维度变化卡片分类任务(DCCS)	维度变化卡片分类任务(Dimensional Change Card Sort Task,DCCS),在标准版本中,向被试呈现两个不同颜色和形状(如蓝兔和红船)的目标卡片,要求被试在颜色维度上对测试内容分类,完成若干次实验后,再让他们在形状维度上进行相等次数的分类。
	威斯康星卡片分类测验(WCST)	威斯康星卡片分类测验(Wisconsin Card Sorting Test,WCST)要求被试根据卡片的颜色、数量或形状进行分类堆放,让对被试对分类堆放后获得的反馈发现规则。在连续进行 10 次正确分类后,改变分类规则。
	More-oddshifting 任务	要求被试对除 5 外的 1—9 数字做大小或奇偶判断。当数字颜色为黑色时,判断数字的大小;当数字颜色为绿色时,判断数字的奇偶。最后,两种情况随机呈现,被试需要视情况而做判断。

综上所述,对执行功能中抑制控制的测试主要采用 Go/No—Go 任务、Stroop 任务以及 Flanker 任务。目前 Flanker 任务被广泛认可、应用最广,与 Go/No—Go 任务相比,Flanker 任务不会出现"天花板效应";与 Stroop 任务相比,Flanker 任务能够更好地避免测试时涉及其他多种认

知功能测量的干扰[①]。对执行功能中认知灵活性的测试大多采用威斯康星卡片分类测验(WCST)和维度变化卡片分类任务(DCCS)。维度变化卡片分类任务是一个广泛用于测查儿童执行功能的工具,相对简单,尤其适用于儿童。DCCS的实质是要求被试灵活转换先前优势规则的影响而正确利用新规则,主要表现在测试时要求被试不仅要根据规则完成分类,还要能够在不断变化的任务要求中实现规则间的灵活转换[②]。N—Back任务通过不断地监控与刷新以测量工作记忆功能,被我国多位学者使用[③]。通过查阅文献、结合实验对象特点、数量以及使用环境等因素,本节采用Flanker任务、N—Back任务和维度变化卡片分类任务(DCCS),测量自闭症儿童的执行功能发展水平。

(五)相关文献评述

国外对自闭症儿童康复的研究开始较早,研究基本已经发展成熟,国内相关研究起步较晚且发展较为缓慢。近年来,尽管我国对自闭症的相关研究总体还处于发展阶段,但随着国家对特殊人群的关注和政策支持,越来越多相关文件的颁布与完善,促使特殊教育教学质量不断提高的同时,自闭症相关研究也有了一定的发展。体育活动作为一种干预手段已被证实对自闭症儿童康复和执行功能发展具有重要作用,主要体现在核心症状的改善以及认知方面的发展。而大肌肉动作技能作为体育活动的基础,兼具了体育活动干预的优点,但研究对象多为正常儿童,且聚焦点多为身体素质的提升以及运动兴趣的培养,对智商以及身体素质较低的8—10岁自闭症儿童研究较少。在此背景下,本节对大肌肉动作对8—10岁自闭症儿童孤独程度和执行功能影响进行实证研究,以求在理论和实践方面取得一定的意义与价值。

---

① HARVEY P O, LE BASTARD G, POCHON J B, et al. Executive functions and updating of the contents of working memory in unipolar depression[J]. Journal of psychiatric research,2004,38(6):567—576.

② 蒋秋蓉.维度改变卡片分类任务中的负启动效应及其发生条件[D].西南大学,2009.

③ 蔡春先.不同强度间歇运动干预对儿童执行功能的影响及其时程效益研究[D].天津体育学院,2020.

二、研究对象与方法

(一)研究对象

以大肌肉动作运动干预对 8—10 岁自闭症儿童孤独程度及执行功能的影响为研究对象。

(二)研究方法

1. 文献资料法

研究围绕"自闭症""运动干预""执行功能""Children with autism"、"Gross motor training"等中英文关键词,通过互联网(包括中国知网、万方数据库、Web of Science、Google 等)及沈阳体育学院图书馆收集国内外有关自闭症儿童动作发展的期刊及著作等文献资料,对查阅的有效文献资料进行整理和分析,以此为本节的理论依据和实践研究提供重要基础。

2. 专家访谈法

本节针对干预动作的选取、指标的确定等进行专家访谈。访谈以问卷的形式通过对运特殊教育学、运动训练学、体育教学和学校体育领域的专家进行半结构式访谈,确保干预的科学性、可行性和有效性,为本节的干预指标的选取提供支撑。

表 6—3　专家访谈表

姓名	工作类型	研究方向	教龄	职称
邱＊＊	高校教师	运动训练学	16	教授
刘＊	高校教师	心理学	25	教授
李＊＊	高校教师	体育教学	30	副教授
贺＊＊	高校教师	体育教学	20	副教授
付＊＊	高校教师	学校体育	23	副教授
余＊＊	高校教师	特殊教育	30	高级教师
张＊	特教学校一线教师	特殊教育	27	高级教师
黄＊＊	特教学校一线教师	特殊教育	21	一级教师
严＊＊	特教学校一线教师	特殊教育	26	一级教师
王＊＊	特教学校一线教师	特殊教育	25	一级教师

3.测试法

（1）测试对象

周口市淮阳区特殊教育学校被确诊为中度自闭症的 23 名 8—10 岁儿童为测试对象，其中实验组 11 人，对照组 12 人。

（2）自闭症测试

采用美国学者 E. Schopler 等人编制的《儿童孤独症评定量表》(Children Autism Rating Scale, CARS)（中文版），对被试进行自闭症患病程度测评。该量表主要用于评估儿童的孤独程度及干预前后的变化情况，是目前使用最广的自闭症测试评定量表之一。内容包涵人际关系、情感反应、模仿、语言沟通等 15 个项目，每个项目按照 1～4 分的等级评分，量表总分为 60 分，评分标准为：总分＜30 分初步判断为无自闭症，30≤总分＜37 为轻—中度自闭症，总分≥37 分为重度孤独症。临床确诊的敏感度达到 97.7％，对疑似病例的敏感度达到 84.6％[①]。经计算量表在本节中的信度值为 0.753，在本节中具有较好信效度。

使用《孤独症行为评定量表》(Autism Behavior Checklist, ABC)，是目前国内应用最广泛的自闭症评估量表之一，由杨晓玲教授引进我国。量表共 57 项描述，包括交往能力、感觉能力、语言能力、运动能力和自我照顾能力 5 个方面，每个方面的项目按负荷大小被确定为 1～4 分，若儿童症状与之相符时则对应该分数，若不符合该项描述则为 0 分。量表总分 158 分，当总分等于或大于 67 时诊断为自闭症。该量表信度为 0.785，效度为 0.789[②]。经计算量表在本节中的信度值为 0.81，在本节中具有较好信效度。

根据第Ⅳ版《精神障碍诊断与统计手册》(Diagnostic and Statistical

---

① WELSH M C, FRIEDMAN S L, SPIEKER S J. Executive functions in developing children: Curren conceptualizations and questions for the future. In K. McCartney & D. Phillips(Eds), Blackwell hand—book of early childhood development ［M］. Malden, MA: BlackwellPub-lishing, 2006.

② Freire m h, andrÉa m, kummer a M. Test—retest reliability and concurrent validity of Auti sm Treatment Evaluation Checklist(ATEC)［J］. Jornal Brasileiro de Psiquiatria, 2018, 67(1): 63—64.

Manual of Mental Disorders－Ⅳ,DSM－Ⅳ,USA)自闭症儿童诊断标准判断的结果与 CARS 评估数据的一致性最好(Kappa＝1),与 ABC 也有较好一致性(Kappa＝0.87)[①]。表明 CARS 和 ABC 量表均是较好的辅助诊断自闭症的评估工具。研究中 CARS 量表反应实验前后被试症状程度的变化,ABC 量表用于评估实验前后被试自闭症行为变化情况,二者相结合更能反映出被试儿童实验前后状态的变化情况。

在正式实验前及实验结束后,均对被试儿童进行以上 2 种量表调查,以了解被试实验前后的状态变化。在给被试儿童家长详细讲解并获得知情同意后,由研究团队成员在旁协助被试家长填写量表,且实验前后的量表由被试的同一位家长填写,家长填写完毕后由研究人员回收,并按照相应分数统计分析。因为虽然被试对象是已经被确诊为自闭症的儿童,但在进行干预前也要有一个清晰的了解。为避免实验前家长填写问卷时出现的罗森塔尔效应,在问卷填写时,让家长连续填写 2 份问卷,两次填写时间间隔 10 分钟,总结两次填写的分数取其平均分。

(3)执行功能测试

本实验采用评估执行功能经典范式的 Flanker 任务、1－Back 任务、维度变化卡片分类任务(DCCS)任务对被试进行评估[②]。通过 E－prime2.0 软件编程 Flanker 任务、1－Back 任务、维度变化卡片分类任务(DCCS),测试执行功能中的抑制控制、工作记忆和认知灵活性。

抑制控制:使用 Flanker 任务测试抑制控制功能。任务开始时屏幕中央出现"＋"作为提示开始的符号,随后屏幕中央呈现刺激,每个刺激呈现 1000ms,间隔 2000ms。刺激分为方向相同与不同两种形式,两种形式出现机会均等且随机呈现。要求被试在保证反应正确的情况下尽可能快速地对中间(第三个)刺激物的方向做出判断,如果中间的刺激物朝向左边,点击电脑键盘"F"键;反之,如果朝向右边则点击"J"键。正式测试开

---

① 舒华平.马术与篮球运动干预对自闭症儿童的效果比较研究[D].湖北大学,2023.

② 陈爱国,冯磊,朱丽娜,等.不同持续时间的中等强度篮球运动对儿童执行功能的影响[J]首都体育学院学 报,2015,27(3):223－227.

始前练习 12 次,正式测试 40 次。

结果评价方法为:不一致条件的平均反应时减一致条件的平均反应时,差值越小,抑制控制发展水平越高。

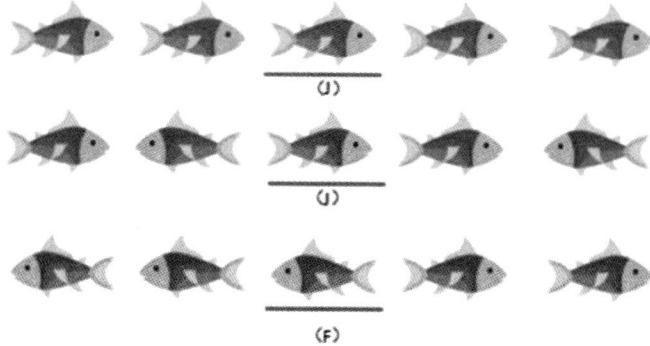

图 6-1　Flanker 任务测试

工作记忆:使用 1-Back 任务评定工作记忆功能。实验中该任务以三角形、正方形、圆形、六边形和心形共 5 种图形为刺激物,测试开始时,屏幕中央出现"+"作为提示任务开始的符号,然后随机呈现一个刺激图形,每个图形显示 1000ms、间隔 2000ms,要求被试尽快记住刺激图形。出现第一个刺激时无需反应,从第二个刺激开始,若与前一个相同点击"F"键,不相同点击"J"键。正式测试前有 12 次练习,而后有 40 次正式判断。

结果评价方法为:平均反应时越短工作记忆越好。

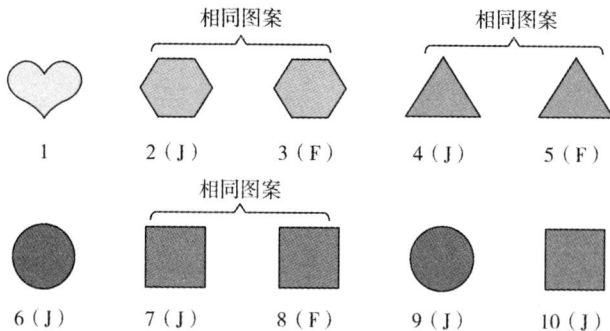

图 6-2　1-Back 任务测试

认知灵活性:采用维度变化卡片分类任务(Dimensional Change Card Sort,DCCS)测试认知灵活功能。在实验中 DCCS 任务包括颜色(红色和蓝色)、形状(兔子和船)和混合任务三部分。测试时电脑呈现分上下两个部分的图片,下半部分为目标内容,每次刺激都会随机呈现不同颜色或形状的图片;上半部分为选择内容,所有内容随机出现。测试开始时,首先在屏幕中央显示一个提示符号"+"提示任务开始,然后电脑屏幕中央会随机呈现一组图形作为刺激物,刺激呈示 2000ms,刺激时间间隔为 2000ms,受试者在刺激时间内作出反应或反应时间过长会直接跳转到下一任务。三个部分共三次练习和三次正式实验,颜色和形状部分的练习有 6 次,正式实验有 10 次;混合部分为 12 次练习、20 次正式判断。

颜色与形状部分:根据上半部分的目标内容,找出选择部分对应的颜色或形状选项,对应颜色或形状的图案在左边按"F"键,在右边的按"J"键(见图 3、图 4)。

边界部分:综合了形状和颜色两种规则,如果下面刺激有边框,表明要找同样颜色的图片、点击对应按键;若下面刺激没有边框,则找出形状相同的图案,对应图案在左边点击"F"键,在右边点击"J"键(见图 5)。

结果评价方法为:边界部分的平均反应时减去颜色与形状部分的平均反应时的差值越小,认知灵活性功能越佳。

图 6-3　颜色部分

图 6-4　形状部分

图 6-5　边界部分

重测信度:CARS 量表、ABC 量表和执行功能测试任务的信度检验采用重测信度法进行。在 2023 年 2 月 27 日,对被试儿童进行实验前测试的 14 天后(3 月 13 日),再次以任务测试的形式向 23 名被试儿童进行测试,将两次任务测试所获得的结果导入 SPSS25.0 软件中进行统计学分析。

表 6-4　执行功能重测信度

间隔时间	CARS	ABC	抑制控制	工作记忆	认知灵活性
2 周	0.753	0.81	0.813	0.716	0.798

一般重测信度系数介于 0.7 到 0.8 之间说明信度较好,因此可以认为执行功能测试任务的信度能够满足研究需要。

测试地点:地点在周口市淮阳区特殊教育学校教室,环境相对安静,保证测试对象不受外力干扰。

测试人员:测试人员由已熟练掌握测试方法的 3 名指导人员和本人组成。

测试工具:3 台笔记本电脑。

测试流程:

①测试地点设在室内,保证环境相对安静整洁,集体讲解操作方法和

测试流程,待所有被试均了解和熟悉操作方法和测试流程后开始正式测试。

②测试顺序为:先 Flanker 任务、再 1—Back 任务、最后 DCCS 任务,每个任务测试间隔 3 分钟。

③测试对象接受测试时均有指导人员全程陪同。开始前由指导人员讲解并引导被试儿童进行作练习,而后开始正式测试。

④测试完成后,对两次刺激之间未做反应或反应时小于 200ms 的给予补测。

4. 实验法

(1)实验目的

通过干预实验,对比大肌肉动作运动干预和常规体育内容对 8~10 岁自闭症儿童孤独程度和执行功能产生影响的差异性。

(2)实验假设

假设通过大肌肉动作运动干预可以达到:

实验组的孤独程度与执行功能有显著改善;

实验组孤独程度改善幅度和执行功能提升幅度(抑制控制、工作记忆、认知灵活性)显著优于对照组。

(3)实验时间与地点

2023 年 2 月至 2023 年 6 月周口市淮阳区特殊教育学校。

(4)实验对象

实验开始前对共 32 名儿童进行纳入标准的合格性检查,跟据纳入标准选出 28 名检查合格者,又根据监护人知情同意意向以及能否顺利完成整个实验干预等儿童具体实际情况,确定被试儿童 25 名,其中 2 名被试未完成全部大肌肉动作运动干预和任务测试,给予剔除,有效实验人数 23 名。最终研究对象定为淮阳区特殊教育学校已被确诊为中度自闭症的 23 名 8~10 岁儿童,其中男生 19 人,女生 4 人。以班级为单位分为实验组(n=11)与对照组(n=12)。实验期间全部被试儿童依旧根据学校规定的作息时间进行日常活动,大肌肉动作运动干预在体育课上开展,未额外增加被试儿童的体力活动。

本节遵守伦理准则和法律法规，关注保护被试者的权益和隐私，注意被试的情感和心理健康，研究获得儿童监护人的知情同意。

表 6-5　被试选取原因和纳入标准

选取	依据
选取原因	1.10 岁以前是自闭症儿童大肌肉动作技能的快速发展期[①]； 2.自闭症个体执行功能在小学阶段发展最具活力[②]； 3.自闭症儿童存在大肌肉动作发展滞后、运动障碍问题，导致运动与学习能力较差，学龄期儿童更容易接受、适应和配合运动干预；
纳入标准	1.经医院鉴定为中度自闭症，除自闭症之外未患有其他疾病； 2.年龄在 8-10 岁，性别不限，能完成体育课程、基本体育活动（经过体育教师确认）； 3.被试家长填写的《儿童孤独症评定量表》测评结果为 30≤总分<37； 4.获教师与家长知情同意，签署知情同意书，配合完成本节； 5.确认孩子有正常或矫正到正常的视力，不是色盲，且在校外没有长期参与有一定时间规律的体育锻炼活动； 6.具有一定的认知能力，能够配合运动干预和执行功能的测查（经过家长和教师确认）

（5）实验器材

跳绳、实心球、小足球、小篮球、标志桶、胶带、秒表、运动手环等。

（6）实验流程与内容安排

①实验流程

实验共计 16 周，包括实验前、运动干预和实验后 3 个阶段，每周 3 次课，分别在周一、周二和周五（均为下午第一节或第二节进行），每次课 35 分钟。

实验组和对照组均以原班级为基本单位进行授课，替换实验组被试儿童的 3 节体育课基本内容为人肌肉动作运动干预，由学校的体育教师按照干预方案施行；对照组接受该校原有的体育课教学内容。实验期间，本人为助教协助课堂进行。

实验前测阶段（3 周）：

第一：实验前测阶段是正式实验干预前的准备阶段，共 3 周时间，第

---

① 刘荣盛,詹晓梅,黎霞芳,等.大肌肉运动干预对孤独症儿童运动和社交能力的影响及其相关性[J].中国学校卫生,2021,42(3):358-362,366.

② 陈晶晶.8-16 岁自闭症儿童心理理论和执行功能研究[D].陕西师范大学,2014.

一周不对被试儿童做任何干预,主要目的是接触、熟悉被试自闭症儿童,消除恐惧心理和陌生感。

第二:第二周进行为期1周、共3次课的预实验,主要目的是检验学生是否能够根据要求配合教师完成包括大肌肉动作运动干预和执行功能任务测试的内容,通过检验情况适当调整干预内容及干预强度。

经过预实验发现,被试儿童能够根据要求配合教师完成干预内容和执行功能测试,实验学校为智慧教室,被试儿童具有电子屏幕操作的能力,保证被试执行功能测试能够顺利完成。

第三:第三周对被试进行实验前测,包括 CARS 和 ABC 量表及执行功能的测试,整个测试过程均有指导人员陪同,指导人员均经过专门的测试前培训,熟练掌握测试方法,由本人及特殊教育教师团队组成。

运动干预阶段(12周):运动干预阶段阶段为实验干预的基本阶段。对实验组儿童实施大肌肉动作运动干预,对照组儿童保持该校原有体育课教学内容。整个干预周期为12周,根据被试体育课程安排情况设置运动干预时间,每次课的结构都包括准备部分、基本部分和结束部分。

实验后测阶段(1周):干预实验结束后再次发放 CARS 量表和 ABC 量表,组织被试家长填写并回收、分析,在保证测试地点、主测人员、测试工具与前测一致的情况下对被试儿童进行执行功能的实验后测。

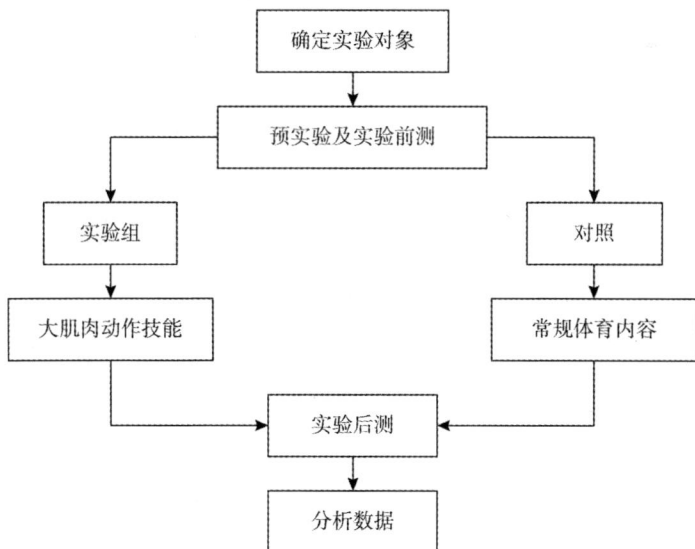

图 6-6 实验流程

②实验安排

两组儿童干预内容安排见下表：

表6－6　实验组干预内容安排

练习	周次	实验组干预内容	目标
身体位移技能	1	原地摆臂、小步跑、原地跑	1.熟悉上课流程与规范 2.培养规则意识与运动参与自觉性,通过运动干预,强化学生情绪管理能力 3.着重发展儿童身体位移技能,发展耐力与灵活素质,提升运动能力 4.培养学生注意力,调动学生认知参与到运动中来,增加同班同学之间的交流接触
	2	各种爬行、各种原地跳跃	
	3	跳格子、行进跳跃(单/双脚)	
	4	折返跑、蛇形跑(单/多人接力)	
物体操作技能	5	跳绳、掷实心球	1.巩固身体位移技能,培养规则与合作意识,降低不适当行为的发生率 2.强化手脚协调与身体控制能力,着重发展物体操作技能 3.提高专注力与情绪管理能力,促进学生、师生间的沟通交流与肢体接触
	6	单手投球、篮球抛接球	
	7	篮球运球(单/双手、原地、行进间)	
	8	足球击固定球、运球、传球	
	9	3人一组,折返跑＋跳格子组合接力、原地小步跑＋行进间跳跃、各种爬行接力组合	
综合能力练习	10	分组小篮球原地运球＋行进间运球、传球组合	1.巩固前期所学,进一步发展基本运动技能,培养运动参与兴趣 2.促进社交能力的发展,减少不适当行为的发生 3.通过大肌肉动作运动干预强化运动意识,在各种组合运动中发展学生反应能力 4.通过运动干预、小组配合、组合练习强化注意力
	11	跑跳组合接力＋小篮球组合原地投掷＋小足球组合	
	12	跑跳投掷组合接力＋小篮球组合	

基于以往研究在运动项目与内容方面的干预成效,实验组采用包括身体位移技能、物体操作技能和综合运动能力训练在内的大肌肉动作运动干预内容,对照组进行常规体育活动。

表6－7　对照组课程内容安排

周次	对照组干预内容	目标
1	队列队形,列队行进(走、慢跑)	1. 培养学生的规则意识,熟悉上课规范 2. 发展学生柔韧性,学会运动后拉伸放松 3. 促进学生手脚协调能力的发展与提高,发展学生注意力 4. 提高学生走、跑、跳的能力,发展下肢肌肉力量 5. 让学生在运动中体会到放松与快乐,培养体育运动兴趣,进一步发展儿童基本运动能力
2	慢跑,各种拉伸,站位、坐位体前屈	
3	慢跑,关节活动操	
4	慢跑,韵律操,各种拉伸	
5	慢跑,各种压腿、踢腿	
6	改变速度的走、跑,各种拉伸	
7	匀速跑,快速跑,各种压腿、踢腿	
8	追逐跑,分组竞赛跑,各种拉伸	
9	关节活动操,抓物往返跑,各种拉伸	
10	慢跑,单、双脚跳、跳台阶	
11	慢跑,起跳触悬垂物	
12	慢跑,立定跳远,各种压腿、踢腿	

每个学生都具有个体差异性,身心发展程度也不尽相同,因此实验过程中会根据儿童实际情况(如动作完成的质量、运动强度的适应性等)进行适当调整,但整体上基本保持一致。

根据一般课程的普遍规律,将实验干预课的结构分为3个部分。首先是准备部分,练习内容为课堂常规、课前的准备活动、热身活动,以激活身体各器官系统,刺激儿童上课兴趣,时间约为10分钟;其次是基本部分,练习每周事先安排好的动作,时间约为20分钟;最后是结束部分,内容为整理放松、结合练习时的表现鼓励儿童,与儿童互动,增进感情,并逐步引导儿童进行课堂反馈,以促进其沟通能力的提升,时间约为5分钟。对照组按照学校中的体育课安排内容进行学习。

基于以往研究在运动项目与强度方面的干预成效,确定本节干预中采用中等强度运动标准对自闭症儿童进行大肌肉动作运动干预,通过计算个体心率负荷为：$(220-年龄)\times60\%\sim70\%=126\sim147$[①]。运动实施过程中，每组随机选取 6 名被试儿童佩戴小米运动健康手环进行全程监控，保障运动强度达到中等水平，如心率过高或超出最大心率，则立即降低运动强度。

表 6−8　单次课的结构

结构	内容	教师活动	学生活动	运动强度
准备部分（10 分钟）	集合整队，师生问好，强调热身(慢跑、游戏)	组织学生排列站好，整理队伍带领学生活动，维持班级纪律	集中注意力	中
基本部分（20 分钟）	实验组：运动干预当日内容 对照组：常规体育内容	组织学生学习、练习，巡回帮助、指导	认真观察教师动作，模仿练习，完成练习任务	中
结束部分(5 分钟)	整理放松	带领学生拉伸练习，鼓励学生	按教师要求放松身心	弱

（7）实验变量与控制

①实验变量

自变量：实验组采用大肌肉动作运动干预，对照组为常规体育内容。

因变量：自闭症儿童的孤独程度和执行功能水平。

②实验控制

根据被试儿童的具体情况，实验组 11 人为一班，对照组 12 人为一班，学习由一位主授课教师及一位辅助教学老师一起授课，保证实验质量。

为了避免罗森塔尔效应，实验组与对照组除课程内容不一致外，其他内容均保持一致。

实验组和对照组都按照实验前的计划进行练习，为期 12 周，每周 3 次课，分别在周一、周二和周五（均为下午第一节或第二节进行），每次课

---

① 陈爱国，赵忠艳，颜军.不同组织形式短时跳绳运动对儿童执行功能的影响[J].中国运动医学杂志,2015,34(9):886−890.

35 分钟,每周共 105 分钟。

5. 数理统计法

将研究取得的数据导入 Excel 与 SPSS25.0 软件中处理分析,分析数据间的内在联系。使用独立样本 T 检验实验前两组被试是否存在同质性,通过独立样本 T 检验与配对样本 T 检验,分别将两种干预方法所得的数据进行实验前和实验后的组内与组间对比,并使用 SPSS25.0 软件将数据进行可视化分析,对比分析大肌肉动作技能和常规体育内容对被试儿童孤独程度和执行功能的影响效果。

三、实验分析

(一)实验前两组儿童同质性检验

1. 被试儿童基本情况

表 6—9 两组自闭症儿童基本情况统计表

	组别	均值(M±SD)	T	P
年龄	实验组(n=11) 对照组(n=12)	9.09±0.701 9.25±0.622	−0.577	0.57
身高(cm)	实验组(n=11) 对照组(n=12)	134.91±5.276 137.14±4.378	−1.108	0.28
体重(kg)	实验组(n=11) 对照组(n=12)	29.4±4.255 31.00±1.508	−1.224	0.24
CARS	实验组(n=11) 对照组(n=12)	34.73±1.272 35.42±1.24	−1.314	0.203
ABC	实验组(n=11) 对照组(n=12)	74.36±4.365 76.67±4.141	−1.298	0.208

由上表可知,实验组 11 人,对照组 12 人;平均年龄:实验组 9.09 ± 0.701 岁,对照组 9.25 ± 0.622 岁;身高:实验组 134.91 ± 5.276,对照组 137.14 ± 4.378;体重:实验组 29.4 ± 4.255,对照组 31.00 ± 1.508;实验前两组儿童 CARS 评分、ABC 评分,均无显著性差异,无统计学意义(P>

0.05),具有同质性。

2.实验前两组儿童执行功能对比分析

表6－10　实验前两组儿童执行功能得分基本情况统计表(M±SD)

反应时(ms)	实验组(n=11)	对照组(n=12)	T	P
方向一致	1055.88±148.737	1028.74±187.235	1.711	0.088
方向不一致	1353.42±145.342	1343.8±222.433	0.544	0.587
差值	297.55±213.017	315.06±262.424	−0.782	0.435
反应时	1743.28±203.197	1717.66±218.632	1.59	0.112
颜色部分	1002.37±158.9	1015.65±178.6	−0.585	0.559
形状部分	1240.81±193.318	1273.34±193.908	−1.233	0.219
边界部分	1780.62±167.609	1806.97±216.402	−1.471	0.142
差值	677.97±290.369	642.91±315.379	1.238	0.216

注:Flanker差值=方向不一致—方向一致,DCCS差值=边界任务—单一任务(颜色与形状任务),下表同。

通过独立样本T检验,对实验前两组儿童完成执行功能各子功能测量任务数据进行比较分析。由上表可知,实验组抑制控制方向一致部分为1055.88±148.737,对照组为1028.74±187.235,P=0.088>0.05;方向不一致部分为1353.42±145.342,对照组为1343.8±222.433,P=0.587>0.05;实验组差值为297.55±213.017,对照组为315.06±262.424,P=0.435>0.05。

实验组工作记忆反应时为1743.28±203.197,对照组为1717.66±218.632,P=0.112>0.05。

实验组认知灵活性颜色部分为1002.37±158.9,对照组为1015.65±178.6,P=0.559>0.05;实验组形状部分为1240.81±193.318,对照组为1273.34±193.908,P=0.219>0.05;实验组边界部分为1780.62±167.609,对照组为1806.97±216.402,P=0.142>0.05;实验组差值为677.97±290.3695,对照组为642.91±315.379,P=0.216>0.05。

综合以上内容可知,实验前实验组和对照组在抑制控制、工作记忆和认知灵活性上均不存在显著差异,表明实验前两组被试执行功能具有同质性。

(二)实验前后两组儿童自闭症程度得分变化分析

1. CARS 测试结果对比分析

表 6－11　实验前后两组儿童组间 CARS 评分变化(M±SD)

	实验组	对照组	T	P
实验前	34.73±1.272	35.42±1.24	−1.314	0.203
实验后	32.09±0.831	34.75±1.422	−5.406	0.00

注:P 值大于 0.05 不具有显著性差异,P 值小于 0.05 具有显著性差异

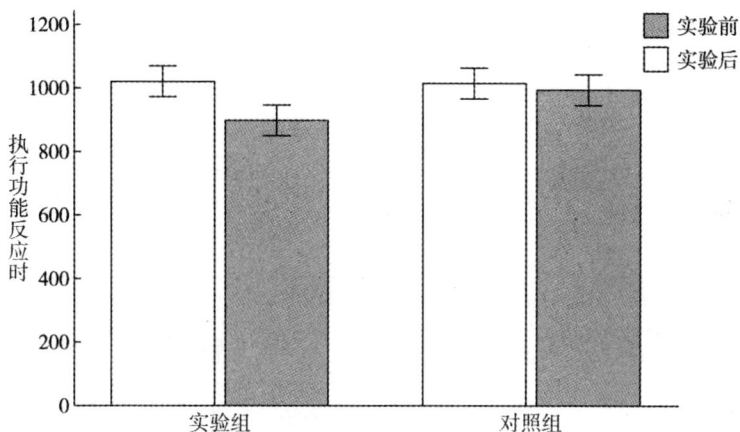

注:"＊＊"表示有非常显著性差异(p＜0.01)

图 6－7　试验前后两组儿童组内 CARS 量表评分对比

由表 10 与图 5 可知,大肌肉动作运动干预对自闭症儿童的孤独程度存在正向影响。由实验前实验组 CARS 得分 34.73±1.272,对照组得分 35.42±1.24,P＝0.203＞0.05 无统计学意义,具有同质性,到实验后实验组 CARS 得分为 32.29±0.951、对照组为 34.71±1.380,P＝0.00＜0.01,有统计学意义。表明实验后两组之间由实验前的具有同质性到不再具有同质性,且实验组取得的成效显著优于对照组。

此外,由 CARS 量表 30≤总分＜37 为轻－中度自闭症这一诊断标准可知,实验后实验组与对照组儿童孤独程度虽仍为轻－中度,但实验组被试儿童 CARS 量表的得分显著低于对照组,表明大肌肉动作运动干预具有推动被试儿童孤独程度改善的作用,能有效改善自闭症儿童社交、情感、感知等核心症状。

2. 实验组与对照组实验前后 ABC 量表测试得分变化分析

表 6—12　实验前后组内测试得分变化(M±SD)

	项目	实验前	实验后	T	P
实验组	感觉能力	14.82±1.25	14.00±1.00	4.5	0.001
	交往能力	16.73±3.165	14.55±2..207	2.825	0.018
	运动能力	16.18±2.75	14.09±2.548	2.534	0.03
	语言能力	14.45±3.446	14.27±2.611	0.247	0.81
	自我照顾能力	12.18±3.06	12.09±1.578	0.139	0.892
	ABC 总分	74.36±4.365	69.00±4.123	5.848	0.00
对照组	感觉能力	16.00±2.558	15.75±2.491	0.39	0.704
	交往能力	15.08±2.644	15.17±1.85	−0.089	0.931
	运动能力	17.67±3.257	16.75±2.864	1.782	0.102
	语言能力	14.75±1.815	14.58±1.73	0.283	0.782
	自我照顾能力	13.17±1.992	12.75±2.05	1.332	0.21
	ABC 总分	76.67±4.141	75.00±4.306	1.626	0.132

注:P>0.05 不具有显著性差异,P<0.05 具有显著性差异,P<0.01 极具显著性异

通过配对样本 T 检验,对两组儿童实验前和实验后 ABC 量表测试得分组内变化情况进行分析。由上表可知,实验后实验组量表总分为 69.00±4.123,p=0.00<0.01,对照组为 75.00±4.306,p=0.132>0.05,表明 12 周的大肌肉动作运动干预对自闭症儿童孤独程度的影响具有显著性差异,常规体育活动对自闭症儿童孤独程度的影响差异性不显著。

具体分析发现,实验组实验前后的显著性差异表现在感觉能力、交往能力和运动能力上,实验后实验组感觉能力为 14.00±1.00,p=0.001<0.01,交往能力 14.55±2..207,p=0.018<0.05,运动能力为 14.09±2.548,p=0.03<0.05。语言能力和自我运动能力与对照组一样,实验前后都未表现出显著性差异,P 值均大于 0.05。

3.实验前后两组儿童自闭症测试得分变化分析

表6—13 实验前后组间测试得分变化(M±SD)

	项目	实验组	对照组	T	P
实验前	感觉能力	14.82±1.25	16.00±2.558	−1.386	0.18
	交往能力	16.73±3.165	15.08±2.644	1.356	0.189
	运动能力	16.18±2.75	17.67±3.257	−1.175	0.253
	语言能力	14.45±3.446	14.75±1.815	−0.254	0.803
	自我照顾能力	12.18±3.06	13.17±1.992	−0.923	0.367
	ABC总分	74.36±4.365	76.67±4.141	−1.298	0.208
实验后	感觉能力	14.00±1.00	15.75±2.491	−2.244	0.041
	交往能力	14.55±2.207	15.17±1.85	−0.734	0.471
	运动能力	14.09±2.548	16.75±2.864	−2.344	0.029
	语言能力	14.27±2.611	14.58±1.73	−0.339	0.738
	自我照顾能力	12.09±1.578	12.75±2.05	−0.858	0.401
	ABC总分	69.00±4.123	75.00±4.306	−3.406	0.003

注:$P>0.05$ 不具有显著性差异,$P<0.05$ 具有显著性差,$P<0.01$ 极具显著性异

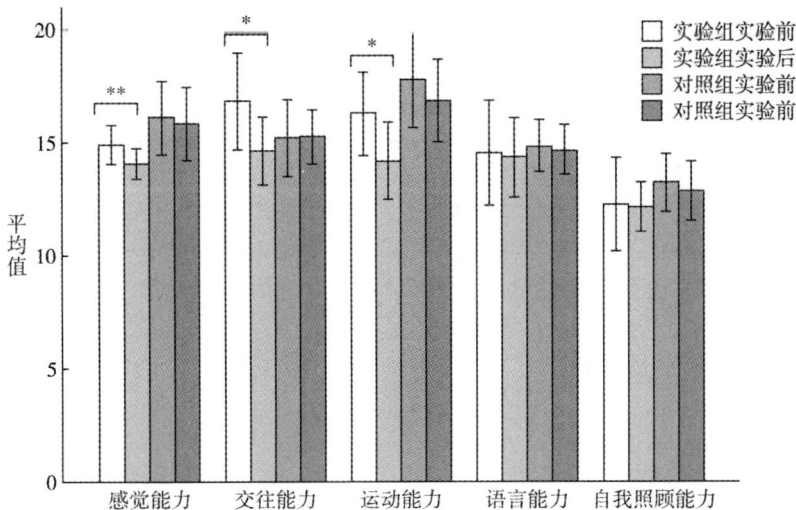

注:"＊"表示有显著性差异($p<0.05$),"＊＊"表示有非常显著性差异($p<0.01$)

图6—8 实验前后ABC量表测试得分对比

由表 12 可知,实验前实验组量表总得分均值为 74.36±4.365、对照组为 76.67±4.141,P＝0.208＞0.05,且实验前所有分项目 P 值均大于 0.05;实验后,实验组量表测试总分均值为 69.00±4.123、对照组为 75.00±4.306,P＝0.003＜0.01。其中,实验后实验组感觉能力均值为 14.00±1.00,对照组为 15.75±2.491,P＝0.041＜0.05,实验组运动能力 14.09±2.548,对照组为 16.75±2.864,P＝0.029＜0.05,表明实验后两组儿童 ABC 量表测试得分由实验前具有同质性到实验后不再具有同质性。

综上所述,12 周的大肌肉动作运动干预对实验组儿童孤独程度的改善效果更加显著、取得的成效明显优于对照组,对自闭症儿童的感觉能力、交往能力和运动能力的影响具有显著性。由于儿童语言能力和自我照顾能力的改善需要更多认知与能力的协调发展,以及更长的时间的干预,因此实验组运动干预虽对语言能力和自我照顾能力产生了影响,但实验前后未表现出显著性差异。对照组各项得分虽有一定提升,但未表现出显著性差异。

(三)实验前后执行功能测试结果变化分析

1. 对抑制控制影响的对比分析

表 6-14　实验前后 Flanker 任务组内变化统计表(M±SD)

组别	反应时	实验前	实验后	T	P
实验组	方向一致	1055.88±148.737	790.93±125.025	20.067	0.00
	方向不一致	1353.42±145.342	1001.24±202.389	21.246	0.00
	差值	297.55±213.017	210.31±226.051	4.128	0.00
对照组	方向一致	1028.74±187.235	1031.86±153.698	−0.205	0.838
	方向不一致	1343.8±222.433	1324.21±201.535	1.128	0.261
	差值	315.06±262.424	292.35±254.149	1.018	0.31

注:差值＝方向一致－方向不一致;P＞0.05 不具有显著性差异,P＜0.05 具有显著性差异,P＜0.01 极具显著性

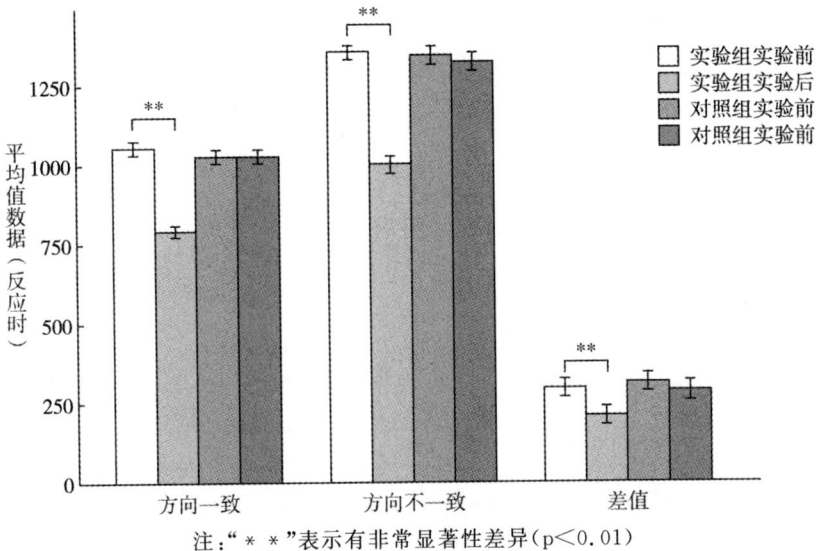

注:"＊＊"表示有非常显著性差异(p＜0.01)

图 6－9　实验前后 Flanker 任务反应时对比

通过配对样本 T 检验,对两组儿童实验前后抑制控制的变化情况进行对比分析。由表 15 可知,实验组实验前为 297.55±213.017,实验后为 210.31±226.051,p＝0.00＜0.01,对照组实验前为 315.06±262.424,实验后为 292.35±254.149,p＝0.31＞0.05,且不论是在一致还是不一致反应时上,实验组实验前后 p 值均小于 0.01,表明大肌肉动作运动干预对实验组自闭症儿童抑制控制的影响极具显著性。对照组各部分反应时则均未呈现出显著性差异,表明常规体育活动对对照组儿童抑制控制的影响并不显著。

表 6－15　实验前后 Flanker 任务反应时差值组间变化统计表(M±SD)

	反应时(ms)	实验组	对照组	T	P
实验前	差值	297.55±213.017	315.06±262.424	−0.782	0.435
实验后	差值	210.31±226.051	292.35±254.149	−3.645	0.00

注:P＞0.05 不具有显著性差异,P＜0.05 具有显著性差异,P＜0.01 极具显著性

使用独立样本 T 检验对实验后测数据进行分析,结合 Flanker 任务反应时差值越小,抑制控制越好这一理论可知,实验前实验组与对照组反应时差值分别为 297.55±213.017 和 315.06±262.424,P＝0.435＞

0.05 无显著性差异,实验后实验组和对照组的反应时差值分别为 210.31±226.051 和 292.35±254.149,P＝0.00＜0.01 极具显著性差异,有统计学意义。表明实验后两组儿童抑制控制由实验前具有同质性到实验后不再具有同质性。

综合以上可知,为期 12 周的大肌肉动作运动干预对自闭症儿童的抑制控制影响效果优于常规体育内容。

2. 对工作记忆影响的对比分析

表 6－16　实验前后 1－Back 任务组内变化统计表(M±SD)

组别	实验前	实验后	T	P
实验组	1743.28±203.197	1393.35±183.95	21.619	0.00
对照组	1717.66±218.632	1696.78±197.093	1.363	0.174

注:P＞0.05 不具有显著性差异,P＜0.05 具有显著性差异,P＜0.01 极具显著性

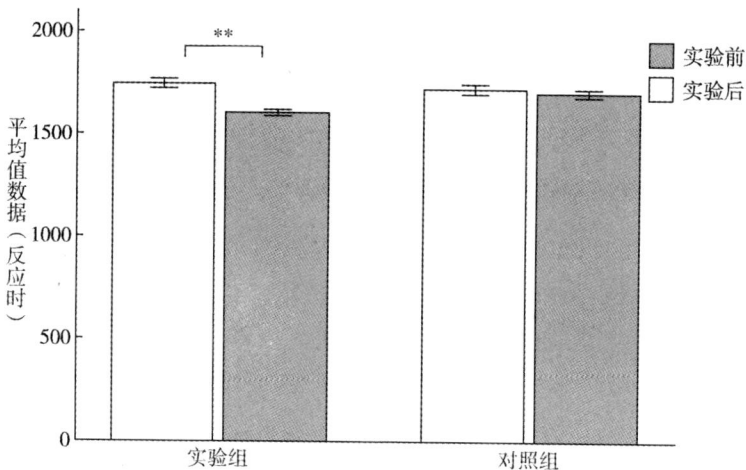

注:"**"表示有非常显著性差异(p＜0.01)

图 6－10　1－Back 任务反应时对比

通过配对样本 T 检验,对两组儿童实验前后工作记忆的变化情况进行对比分析。

实验组实验前为 1743.28±203.197,实验后为 1393.35±183.95,p＝0.00＜0.01,对照组实验前为 1717.66±218.632,实验后为 1696.78±197.093,p＝0.174＞0.05,表明实验前后大肌肉动作运动干预对实验组

儿童工作记忆的影响极具显著性；对照组反应时未呈现出显著性差异，表明常规体育活动对对照组儿童工作记忆的影响并不显著。

表 6—17　实验前后 1—Back 任务组间变化统计表（M±SD）

	实验组	对照组	T	P
实验前	1743.28±203.197	1717.66±218.632	1.59	0.112
实验后	1393.35±183.95	1696.78±197.093	−20.854	0.00

注：P＞0.05 不具有显著性差异，P＜0.05 具有显著性差异，P＜0.01 极具显著性

使用独立样本 T 检验对实验前后 1—Back 任务组间数据变化进行分析，结合 1—Back 任务反应时越小，工作记忆功能越好这一理论可知，实验前实验组和对照组的工作记忆反应时分别为 1743.28±203.197 和 1717.66±218.632，P＝0.112＞0.05 不具有显著性差异，无统计学意义；实验后实验组和对照组的工作记忆反应时分别为 1393.35±183.95 和 1696.78±197.093，P＝0.00＜0.01 极具显著性差异，有统计学意义。表明实验后两组儿童工作记忆由实验前具有同质性到实验后不再具有同质性。

综合以上可知，为期 12 周的大肌肉动作运动干预对自闭症儿童的工作记忆的影响效果优于常规体育内容。

3. 对认知灵活性影响的对比分析

表 6—18　实验前后 DCCS 任务组内变化统计表（M±SD）

组别	反应时（ms）	实验前	实验后	T	P
实验组	颜色部分 形状部分 边界部分 差值	999.01±166.423 1233.94±177.655 1780.93±170.904 664.45±300.881	793.99±160.68 966.91±249.997 1407.86±175.092 527.6±281.597	9.999 8.436 21.535 5.298	0.00 0.00 0.00 0.00
对照组	颜色部分 形状部分边 界部分 差值	1014.97±166.474 1270.42±206.626 1771.3±157.823 660.27±303.957	1006.37±182.718 1246.24±238.215 1756.23±224.381 644.98±321.856	0.401 0.869 1.488 0.529	0.689 0.387 0.138 0.597

注：P＞0.05 不具有显著性差异，P＜0.05 具有显著性差异，P＜0.01 极具显著性

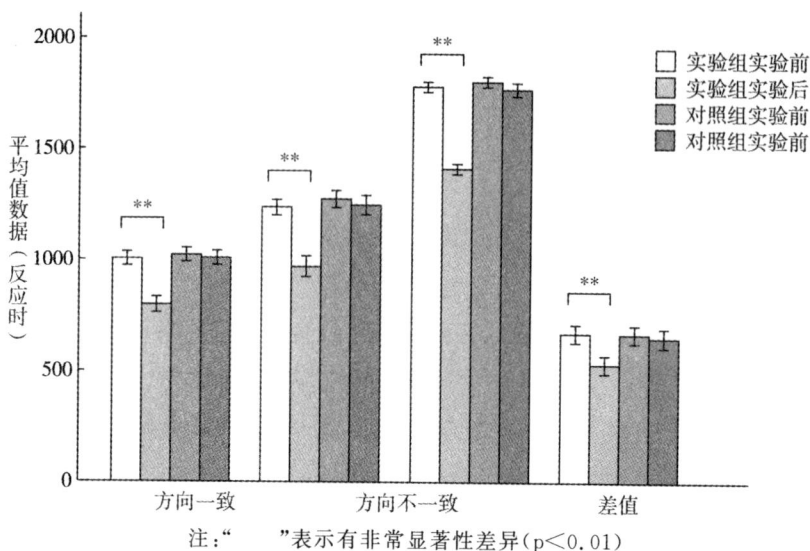

注:" "表示有非常显著性差异(p<0.01)

图 6－11　实验前后 DCSS 任务反应时测试对比

通过配对样本 T 检验,对两组儿童实验前后认知灵活性的变化情况进行对比分析。

在反应时差值上,实验组实验前为 664.45±300.881,实验后为 527.6±281.597,p＝0.00＜0.01,对照组实验前为 660.27±303.957,实验后为 644.98±321.856,p＝0.597＞0.05。在颜色部分上,实验组实验前为 999.01±166.423,实验后为 793.99±160.68,p＝0.00＜0.01,对照组实验前为 1014.97±166.474,实验后为 1006.37±182.718,p＝0.689＞0.05。在形状部分上,实验组实验前为 1233.94±177.655,实验后为 966.91±249.997,p＝0.00＜0.01,对照组实验前为 1270.42±206.626,实验后为 1246.24±238.215,p＝0.387＞0.05。在边界部分上,实验组实验前为 1780.93±170.904,实验后为 1407.86±175.092,p＝0.00＜0.01,对照组实验前为 1771.3±157.823,实验后为 1756.23±224.381,p＝0.138＞0.05。

表明大肌肉动作运动干预对实验组自闭症儿童认知灵活性的影响极具显著性;对照组各部分则均未呈现出显著性差异,表明常规体育活动对对照组儿童认知灵活性的影响并不显著。

表 6－19　实验前后 DCCS 任务反应时差值组间变化统计表(M±SD)

	实验组	对照组	T	P
实验前	677.97±290.369	642.91±315.379	1.238	0.216
实验后	527.6±281.597	644.98±321.856	−4.147	0.00

注:P>0.05 不具有显著性差异,P<0.05 具有显著性差异,P<0.01 极具显著性

　　使用独立样本 T 检验对实验后测数据进行分析,结合 DCCS 任务反应时差值越小,认知灵活性越好这一理论可知,实验前实验组和对照组的认知灵活性反应时差值分别为 677.97±290.369 和 642.91±315.379,P=0.216>0.05 不具有显著性差异,无统计学意义;实验后实验组和对照组的认知灵活性反应时差值分别为 527.6±281.597 和 644.98±321.856,P=0.00<0.01 极具显著性差异,有统计学意义。表明实验后两组儿童认知灵活性由实验前具有同质性到实验后不再具有同质性。

　　综合以上可知,为期 12 周的大肌肉动作运动干预对自闭症儿童的认知灵活性的影响效果优于常规体育内容。

4. 实验前后两组儿童执行功能的变化

表 6－20　实验前后执行功能的数据对比分析(M±SD)

	实验组(n=11)	对照组(n=12)	T	P
实验前	1021.51±682.568	1014.81±674.079	0.198	0.843
实验后	897.23±655.324	995.25±672.143	−2.959	0.003

注:反应时=各任务反应时差值平均值,P>0.05 不具有显著性差异,P<0.05 具有显著性差异,P<0.01 极具显著性

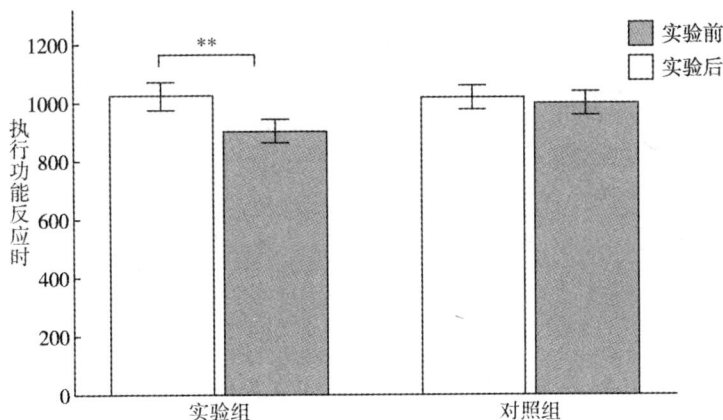

注:"＊＊"表示有非常显著性差异(p<0.01)

图 6－12　执行功能反应时前后测比较

由表 19 和图 11 可知,实验前实验组和对照组的执行功能反应时分别为 1021.51±682.568 和 1014.81±674.079,P＝0.8435＞0.05,表明实验前两组儿童执行功能不具有显著性差异。实验后实验组和对照组的执行功能反应时分别为 897.23±655.324 和 995.25±672.143,P＝0.003＜0.01,表明实验后两组儿童执行功能由实验前具有同质性到实验后不再具有同质性,实验组儿童执行功能的增益效果显著优于对照组。

综合以上可知,为期 12 周的大肌肉动作运动干预对自闭症儿童执行功能的影响效果优于常规体育内容。

(四)讨论

1. 大肌肉动作运动干预对自闭症儿童孤独程度的影响

研究显示,大肌肉动作运动干预具有推动被试儿童孤独程度改善的作用,通过身体位移技能与物体操作技能对感觉能力、交往能力、运动能力的促进作用表现出来。

身体位移技能包括各种爬行、跑、跳运动的练习,既锻炼手脚正确分工,又锻炼上下肢协调配合姿势的感觉,能在一定程度上改善自闭症儿童运动能力;各种形式的跑进和蹦跳运动会增进儿童气息的顺畅性,边跳边说能提高儿童声带的做功能力、增强发音力量,一定程度上推动儿童学话速度,促进沟通交流能力的发展。这一发现与郑永滨[1]的研究结论相一致,经过为期 6 个月的运动干预后,自闭症儿童的感觉、运动、语言等核心症状有了明显改善。张思静[2]发现 12 周的大肌肉运动干预和舞动治疗对自闭症儿童患病症状、行为状态有积极的影响,具体表现在语言沟通、社交、感知觉及健康和刻板行为的有效改善上,其中大肌肉运动对患儿的感知觉能力、健康及刻板行为方面影响相对更为显著。

与身体位移技能相比,物体操作技能的项目练习不仅要求儿童手脚

---

① 郑永滨.体育游戏在自闭症谱系障碍儿童康复训练中的干预研究[D].辽宁师范大学,2020.

② 张思静.大肌肉运动和舞动治疗对孤独症儿童干预效果的比较研究[D].江西师范大学,2022.

或上下肢及多感官的协调配合,在组织形式上还更偏向于两人或多人配合完成练习,因此学习过程中涉及的沟通交流相比身体位移技能更多,也更能对儿童语言和交往能力的改善起到促进作用。体育活动是促进自闭症儿童社会交往、感知觉运动和运动能力发展的良好平台。杨毅[①]等在组织被试儿童进行 6 个月的运动干预后发现,自闭症儿童患病程度、社会交往、语言、感知觉及健康行为问题均有一定的改善。裴晶晶[②]等人以大肌肉群运动为手段对自闭症儿童展开实验研究,研究结果表明,大肌肉运动干预对改善患儿的感觉统合功能具有显著效果,是自闭症儿童康复训练的有效手段。

由于语言能力和自我照顾能力的改善需要更多认知与能力的协调发展、更长的时间的干预,所以本节中 12 周的大肌肉动作运动干预虽对自闭症儿童的语言能力和自我照顾能力产生了影响,但实验前后未表现出显著性差异。

2.大肌肉动作运动干预对自闭症儿童执行功能的影响

研究结果表明,大肌肉动作运动干预具有正向影响,能有效改善自闭症儿童包括抑制控制、工作记忆和认知灵活性在内的执行功能。

根据运动能对执行功能产生促进作用这一理论,与对照组相比实验组自闭症儿童抑制控制、工作记忆和认知灵活性得到的增益效果更加显著的原因主要表现在以下几个方面:

第一,认知功能参与度高的运动能够更好地推动执行功能的发展[③]。练习大肌肉动作时需记忆、语言、视觉空间和理解判断等方面共同参与,认知功能参与度高。如模仿教师的动作是完成身体位移技能动作的前提、判断球的落点和速度以做出相应的击球动作是完成物体操作技能干

---

① 杨毅,杨阳.运动干预对自闭症儿童的治疗效果分析[J].中国当代医药,2016,23(4):29-31.

② 裴晶晶,袁雷,李学恒.大肌肉群运动干预对孤独症儿童感觉统合功能的影响[J].天津体育学院学报,2019,34(6):527-532+552.

③ 兰继军,陈晶晶,马瑞麒.孤独症儿童心理理论和执行功能关系的实验研究[J].现代特殊教育,2017,(14):37-41.

预动作的前提,因此大肌肉动作运动干预能更好的促进机体的生物唤醒、激活更多的与认知相关的神经联结[①]。

第二,个体从事新颖、复杂以及外界环境不断变化的运动时,能更好地激活前额叶脑区、促进执行功能发展[②]。大肌肉动作运动干预具有目标任务多向性、组织形式灵活性和活动内容多样性的特点,活动规则与技术要求相比常规体育教学内容更为复杂,因此更能激活被试儿童的前额叶脑区、促进执行功能发展[③]。

(1)大肌肉动作运动干预对自闭症儿童抑制控制的影响

越来越多的研究证实,包括身体位移技能和物体控制技能在内的大肌肉动作运动干预能显著改善特殊儿童的抑制控制功能。侯佩瑶[④]等就基于位移动作技能的体育运动对儿童执行功能的影响进行了探讨,得出基于位移动作技能的体育运动可以有效提高被试的抑制控制功能。本节也验证了 Wang[⑤] 等的研究,发现自闭症儿童进行运动干预后,执行功能障碍得到了显著改善。另有国外研究者通过对自闭症儿童进行武术运动干预,结果发现干预后实验组被试执行功能的三个子功能均有显著提升。本节通过对自闭症儿童进行 12 周的大肌肉动作干预,发现两组抑制控制变化表现出:与实验前相比,实验后两组执行功能反应时均有下降,实验组差异具有显著统计学意义,对照组差异不具有显著统计学意义;两组实验组间前后比较,差异具有显著统计学意义,且实验组优于对照组。表明大肌肉动作运动干预能显著改善 8～10 岁自闭症儿童的抑制功能,这与前述研究的结论一致。

---

① 兰继军,陈晶晶,马瑞麒. 孤独症儿童心理理论和执行功能关系的实验研究[J]. 现代特殊教育,2017(14):37－41.

② 王鹤. 9－18 岁孤独症学生执行功能特点研究[D]. 辽宁师范大学,2008.

③ 杨麟超. 不同动作技能类型运动对执行功能的影响[D]. 天津体育学院,2020.

④ 侯佩瑶,应健敏,徐乐芳,等. 基于位移动作技能的体育游戏对幼儿执行功能的影响[J]体育科研,2023,44(6)92－100.

⑤ Wang Y, Zhang Y, Liu L, et al. A meta－analysis of working memory impairments in autism spectrum disorders[J]. Neuropsychology review,2017,27(1):46－61.

　　分析其中原因:在大肌肉动作运动干预中儿童需要通过不断模仿教师的动作来完成任务,然而在最初的模仿练习中,由于自闭症儿童存在不同程度固执刻板行为或缺乏注意力和模仿能力等问题,再加上部分儿童存在知觉或本体感较弱的情况,导致其很难正确的模仿动作的细节,限制了大肌肉动作的完成与发展①。例如,学习抛球动作在掌握了上手掷球后要学习下手抛球时,其固执或刻板的行为令他们难以放下旧有的动作去尝试新的动作,不仅阻碍了模仿能力发展和整体学习进度,还会导致紧张不安、手足无措和烦躁失望等心理现象的产生,需教师反复指导与帮助后才可做出调整、完成指定动作,这一过程中锻炼了被试儿童在受到不同动作干扰下集中注意力的能力,因此对其抑制控制功能有重要影响②。

　　(2)大肌肉动作运动干预对自闭症儿童工作记忆的影响

　　有研究证实适度的有氧运动训练能使个体的思维更敏捷、记忆更清晰,工作记忆功能也能得到一定程度的改善③。本节结果显示大肌肉动作运动干预对被试的工作记忆产生了较显著的促进作用。大肌肉动作干预中不同的部分要求不同:身体位移技能与物体操作技能要求记忆动作,综合能力训练要求在完成单个动作的基础上将多个动作衔接起来,对工作记忆功能的发展益处颇多④。此外,大肌肉动作的学习需要牢记较多的动作细节和规则要求等信息(如综合运动能力中的跑跳组合等),能强化被试对刺激的辨别、抵制无关刺激的能力,从而促进工作记忆的提升、

---

　　① TANAGISAWA H,DAN I,TSUZUKI D,et al. Acute moderste exercise elicits increased dorsolateral prefrontal activation and improves cognitive performance with stroop test [J]. Neuro Image,2010,50(4):1702−1710.

　　② 安文军,李金花,王云峰,等.自闭症谱系障碍儿童青少年抑制控制的研究进展[J].中国特殊教育,2019(4):32−39.

　　③ 朱瑜,许翀,万芹,等.适应体育运动干预对孤独症谱系障碍儿童视觉工作记忆的影响[J].中国体育科技,2017,53(3):55−62.

　　④ 袁玉萍,李菲菲.自闭症儿童动作技能干预的研究进展[J].中国特殊教育,2021(5):44−49.

达到预期的干预效果[①]。在干预过程中,如物体操作技能的足球传球、篮球抛接球等,不仅需要被试预测传球路线和时间差,还需被试牢记语言信息及运动规则,两种外界刺激的结合,更能刺激被试工作记忆能力的发展。因此大肌肉动作干预对工作记忆的发展具有较好的促进作用。对照组进行队形排列、简单的关节活动以及拉伸练习只能使儿童被动且重复地接受学习,因此两组儿童相比较而言,实验组儿童工作记忆的改善效果优于对照组。

(3)大肌肉动作运动干预对自闭症儿童认知灵活性的影响

认知灵活性又被称为思维或心理灵活性或定势转移,建立在工作记忆和抑制控制的基础上,是依据情境的需要而转变想法和行动的能力[②]。TseA[③]等人研究发现,认知参与度高的运动干预对自闭症儿童认知灵活性有显著改善作用。这与本节结果一致。

综合分析实验组认知灵活性发展的原因:实验对象为儿童,根据其身心发展特征可知,在体育课上课热身后个体易处于兴奋状态,是动作学习效果最好但也是容易被其他事物吸引注意力的时候,如场地上飘扬的红旗、教学楼前滚动的字幕甚至校外传来的声音等,此时需要以较强趣味性或新奇性事物吸引其注意力。

从运动内容上看,对照组儿童主要上课内容为队形排列、简单的跑动以及关节活动操,表现出活动内容缺乏多样性、组织形式缺乏灵活性,运动规则偏向简单、完成难度较小,趣味性不强且儿童认知参与程度不高的特点,总体来说对儿童执行功能刺激度不高。相较于常规体育教学内容,大肌肉动作运动干预规则相对复杂,趣味性和实际操作性更强,更容易吸

① 安文军,胡思思,郭嫩,等.自闭症谱系障碍儿童青少年工作记忆研究进展[J].中国特殊教育,2019(8):56—62.

② Hill E L. Evaluating the theory of executive dysfunction in autism[J]. Developmental Review,2004,24(2):189—233.

③ TSE A,ANDERSON D I,LIU V,et al. Improving executive function of children with autism spectrum disorder through cycling skill acquisition[J]. Medicine & science in sports & exercise,2021,53(7):1417—1424.

引学生注意。因此,实验后发现两组干预均能在一定程度上改善自闭症儿童认知灵活性,但对照组相比于实验组的认知灵活性提升幅度小,且影响不显著,实验组优于对照组。

从认知参与度上看,无关事物与动作学习的转换、教师动作与自身模仿的转换、口令指示与实际动作的转换等都需要儿童认知的参与。如听口令有规律变换弹跳动作,不但可以训练儿童的腿部肌肉,还能刺激大脑,发展其动作预测能力与反应力[①]。大肌肉动作运动干预依照自闭症儿童认知灵活性在抑制控制和工作记忆两者的基础上形成与发展的执行功能特点来制定教学内容,使得干预对实验组儿童的执行功能可以有所增益,因此实验后实验组与对照组相比较而言,实验组在认知灵活性功能提升效果优于以常规体育内容为干预内容的对照组。

3.局限与展望

(1)实验对象:由于取样困难,研究只对 8~10 岁的中度自闭症儿童进行运动干预,且男生居多,难以根据被试的年龄与性别分组,未能了解不同年龄、性别及障碍程度的自闭症儿童接受大肌肉动作运动干预的效果是否存在差异。今后研究应扩被试大年龄范围、聚焦不同障碍程度的自闭症患者。

(2)干预时间:运动干预 12 周,持续时间较短,且缺少实验后的跟踪调查,以后的相关研究可以在干预结束后的一段时间里再次追踪干预效果。

(3)干预强度:不同的运动强度和训练手段会产生不同干预效果,未来研究中应考虑不同运动强度及训练手段的影响。

(4)变量控制:研究未考虑被试儿童智商差异对大肌肉动作训练效果的影响,未来研究应加大对被试智商等无关变量的把控。

---

① 安文军,程硕,朱紫桥,等.自闭症谱系障碍儿童青少年认知灵活性研究进展[J].中国特殊教育,2020(5):54−60.

四、实验结论与建议

（一）结论

（1）大肌肉动作干预对被试儿童的孤独程度具有改善的作用。

（2）连续 12 周大肌肉动作运动干预能有效缓解自闭症儿童的核心症状，对感觉能力、交往能力和运动能力方面的提升效果优于常规体育内容。

（3）大肌肉动作干预对被试儿童的执行功能具有促进作用。

（4）连续 12 周大肌肉动作运动干预能有效改善自闭症儿童的抑制控制、工作记忆和认知灵活性能力，且提升效果优于常规体育内容。

（二）建议

（1）了解、研究被试发展特点，从不同组织形式、强度、类型和持续时间的运动干预展开对自闭症程度的影响的研究，丰富运动干预实践经验，以促进儿童更好地融入社会。

（2）选用认知参与度较高的干预内容，注重干预方式与手段的灵活选择，促进自闭症儿童大肌肉动作技能的发展。

（3）运动干预开始前要先了解、接触和熟悉儿童，消除儿童恐惧心理和陌生感，以便更好地进行测试和干预。

（4）运动干预应注意内容呈现的趣味性，吸引儿童注意力，维持好奇心，提高练习兴趣，以更好地发展被试儿童的执行功能、缓解自闭症状。

第五节　自闭症儿童动作发展的教育支持策略

对自闭症儿童动作发展的教育支持，主要是为了最大限度地改善和提高自闭症儿童的动作发展水平，最大限度地降低障碍和损伤程度，以让自闭症儿童更好地学习和生活。

一、充分利用生活环境

动作发展方面的教育支持有别于其他方面的教育活动,无特殊情况,就不需要特殊的辅具和设备。因此,针对动作发展的教育支持可以充分利用生活环境。生活环境包括居家的楼梯、房间内自创的障碍通道、马路以及街道、小区内的健身环境等。这些资源都源于生活,而且有利于充分锻炼自闭症儿童的动作能力,只是需要教师或者家长能够及时发现和利用这些教育资源。

情景 6.1

我带着小光(化名)在楼梯间的楼梯上练习上下楼梯。刚开始,小光拒绝参与,而且会逃避。于是,我扶着小光的手臂,让小光自己锻炼上下楼梯,偶尔会鼓励小光。一段时间以后,我再让小光自己独立上下楼梯,任凭小光手扶扶手,或者用爬的方式上下楼梯,我都不会约束小光上下楼梯的动作。只要小光能够练习或者独立完成,我都会鼓励小光。

教学片段展示的教学过程,就是教师利用民居内的楼梯道作为训练场所,能够增强学习的生活化。最为重要的是,生活中的教育资源摆脱了传统教育设施的束缚,具有寓教于乐的作用,便于使用和参与,教育效果也较为明显。因此,生活中的教育环境不可小视,应该作为自闭症儿童动作发展的教育支持资源。

二、合理选择教育资源

虽然教师能够充分利用教育资源,但是在选择教育资源的时候,要注意教育资源的有效性以及循序渐进,合理控制教育资源的提供,保证教育资源的有效性和科学性。

情景 6.2

上集体课的时候,我不会要求所有的自闭症儿童都完成同样的学习任务。今天学习爬滑板的游戏,游戏过程中我会要求能力好的自闭症儿童完成整个活动,包括从高处滑下,然后抱着滑板回到起点。我也会邀请能力低的儿童仅仅是从高处滑下就可以了。对于患有心脏病的小光(化名)而言,我只需要小光将远处的滑板放到滑道上,推动其他自闭症儿童从高处滑下就可以了。对于每位自闭症儿童而言,都参与了学习活动,只是参与的强度不同而已。

　　动作方面的学习,不同于其他内容的学习。动作学习,对于儿童自身的素质和能力有一定要求。同时,如果使用不当,也会给儿童带来一些负面影响。因此,选择教育资源的前提是结合医生的诊断结果与教师的评估结果。诊断是回答"是不是"的问题,评估是回答"什么程度"的问题。所以,教师在选择教育资源时要考虑自闭症儿童的实际需求和实际能力,切勿进行"覆盖式"的教育支持。不良的教育资源或者过度的提供,容易导致自闭症儿童出现二次伤害,甚至出现继发性的障碍,加重障碍的严重程度。

三、详细记录教育支持的过程

　　教师要做好跟踪记录,针对自闭症儿童在实际学习过程中所产生的反应和训练效果,要进行科学合理的记录,以保证后期的检验,以及后期对教育效果的跟踪,从而更加方便进行转介和让其他教师进行查询。所以,详细记录也是教育支持过程中不可缺少的一个重要环节。

四、注意强化物的使用

　　强化物包括了社会性强化和自然性强化两种。日常教育支持过程中,要注意多使用社会性强化,避免由于自然性强化所导致的负面效果。实际的教育过程中,每次的强化要把握时机,切忌"覆盖式"强化,例如:在教育支持的过程中,如果自闭症儿童做得很好,教师可以适当强化;在教育活动结束以后,教师可以使用社会性强化和自然性强化相结合的方式。强化物的使用是一个较为科学和漫长的过程,需要教师经过缜密的思考,并做好切实的跟踪记录。

　　情景 6.3

　　今天下课以后,我拥抱小光(化名),与小光双手击掌作为奖励。有时,我也会选择小光感兴趣的游戏活动作为奖励,小光非常喜欢玩大陀螺,尤其是旋转起来的时候,小光会很开心,有时都不愿意下课,兴奋的时候还会表现一些言语现象。有一次,我和小光玩大陀螺的游戏,小光开心地大笑,还会偶尔说一句"快点"。对于小光的表现,我会马上给予配合,并且惊讶地看着小光,对小光说:"哇,你好棒啊!"

教学片段所展示的内容,表明教师主要利用社会性强化物和自然性强化物。社会性强化物主要体现在下课以后,教师与小光之间的互动和鼓励;自然性强化物,虽然不是具体的食物,但是教师巧妙地利用玩具的强化作用,激发小光学习的主动性和积极性。

五、增进同伴支持

同伴的有效支持,也可以达到事半功倍的效果。对于教师而言,教育支持的过程中,教师要充分调动自闭症儿童同伴的参与,尤其是常态儿童的参与。同伴的有效参与,可以带动自闭症儿童做出大量的运动,也可以带动其他心理活动的参与,包括思维、想象、语言、注意等心理活动。教育支持的过程中,需要教师的引导,也需要同伴的陪伴和支持,同伴对于自闭症儿童的辅助和激励要远远超过强化物的刺激。同时,也有助于自闭症儿童更好地参与社会活动。

同伴支持有助于培养自闭症儿童的社会性行为,解决自闭症儿童的问题行为。同时,同伴不仅仅可以是常态儿童,高功能的自闭症儿童或者能力较好的特殊需要儿童,都可以作为自闭症儿童参与学习活动的同伴。

综上所述,自闭症儿童动作发展的教育支持策略需要结合具体的诊断报告与评估结果,在教师的细心指导下,有效地调节教育资源,合理地提供教育支持,以保证教育资源的有效性和科学性。

第六节　自闭症儿童动作发展的教育支持活动

根据自闭症儿童动作发展的表现与特点,结合自闭症儿童动作发展的教育支持策略,可以提供以下教育支持活动。每个教育支持活动都有局限性,教师可以结合具体的案例情况,采取有针对性的教育支持活动,或者结合案例情况对教育支持活动做适当调整。

一、活动一:跳数字

(一)活动内容

活动准备:1～10 或者 1～20 的不粘胶卡片。

适应年龄:3～5 岁。

活动要求:教师用剪刀剪出大的数字 1～10 或者 1～20 圆形的不粘胶,再贴到地板上,让自闭症儿童从一个数字跨到另一个数字上,以跨到圆形内为胜。如果自闭症儿童不懂得数字,可以贴不同颜色的数字,然后让自闭症儿童按颜色选择。

活动总结:

(1)活动过程中如果自闭症儿童跳跃技巧不成熟,需要教师在开始时握着自闭症儿童的双手辅助儿童跳跃。

(2)如果自闭症儿童不懂得或者不遵守游戏规则,教师要随时给予身体或口头的辅助,充分保证自闭症儿童参与活动的频次和程度。

(二)专家建议

如果自闭症儿童的动作能力和认知能力较好,教师也可以尝试用方格或者其他形式替代,让自闭症儿童练习跳跃。同时,在练习跳跃过程中,教师要注意跳跃中的安全性,保证自闭症儿童的身体不要出现拉伤或者其他损伤。另一方面,教师在实际的引导过程中,可以介入一些认知学习,例如:大小、颜色、数字、形状等。

融合班级中对于自闭症儿童参与集体活动的过程,教师要保证自闭症儿童的安全和参与度,保证自闭症儿童基本的学习权利,要能够让自闭症儿童在学习过程中获得体验。最为重要的是,教师要处理好个训与集体训练之间的关系。

二、活动二:跳跃

(一)活动内容

活动准备:数个小号的呼啦圈。

适应年龄:3～5 岁。

活动要求:教师在地面上摆放数个小号的呼啦圈,要求自闭症儿童以双脚跳或者单脚跳的方式跳过所有的呼啦圈。教师可以根据自闭症儿童的能力,适当调整呼啦圈之间的距离。

活动总结:开始时教师可以站在自闭症儿童前方,等待自闭症儿童双脚落地时稍微扶自闭症儿童一下,帮助自闭症儿童保持身体平衡,以保证自闭症儿童在学习过程中的安全性。

(二)专家建议

自闭症儿童在参与活动的过程中,教师要保证儿童具有单脚跳跃或者双脚跳跃的能力,如果自闭症儿童不具备这种能力或者肌肉发育得不好,教师要降低跳跃的难度。同时,在跳跃过程中,教师也可以增加认知方面的学习。

融合班级中,教师要注意自闭症儿童参与的积极性以及参与活动的程度,避免活动流于形式。同时,常态儿童要做好辅助和协助的准备,帮助自闭症儿童参与活动。适当的时候,教师可以组织有竞技性的活动,激发自闭症儿童参与的积极性。

三、活动三:照镜子游戏

(一)活动内容

活动准备:一面大镜子。

适应年龄:4～5 岁。

活动要求:教师和自闭症儿童并排站在大镜子前面,教师做一个动作,让自闭症儿童模仿。动作以点头、双手在身体的上下、左右、前后拍手,左右、前后移动身体以及转身等动作为主。开始时,教师的动作要做得慢一些,并且多次重复动作。

活动总结:活动过程中,教师要边做边说动作的方位,自闭症儿童无法跟上时教师要使用动作指导。教师逐渐撤销提示,并且加快动作的速度。这样就要求自闭症儿童具有一定的理解能力,同时也有助于培养自闭症儿童的模仿能力和反应水平。

(二)专家建议

教师可以尝试用哈哈镜,哈哈镜的特点是能够将学习活动娱乐化。虽然在镜中呈现的人物已经变形,但是教学的主要目的就是能够让自闭症儿童有所参与或者有所接受。除此以外,教师在教学过程中,不要过度强调让自闭症儿童在镜子中指出人的五官,或者过度地传授概念,过度地强调容易导致自闭症儿童出现厌倦心理。

融合班级中,教师要注意调动常态儿童的积极性,通过常态儿童的互动和交流,带动学习氛围,让自闭症儿童也能调动情绪,引导自闭症儿童更加积极地参与学习活动。

四、活动四:平衡台互相扶持

(一)活动内容

活动准备:两个平衡台。

适应年龄:4~6岁。

活动要求:教师和自闭症儿童共同站上平衡台,两人双手紧握,互相保持平衡。由于站姿使重力感不稳定,两人配合的动作对相互合作关系的建立有一定的帮助作用。摇晃时可以先练习由教师带动自闭症儿童,然后再由自闭症儿童带动教师。学习过程中,摇晃的速度要适中,不要过快。

活动总结:

(1)活动过程中教师可以用夸张的身体晃动动作来带动自闭症儿童,

充分调动自闭症儿童的兴趣,但速度不要过快。

(2)学习过程中教师要经常鼓励自闭症儿童配合教师晃动的速度来调节自己的身体平衡。

(二)专家建议

教师在实施教学活动的过程中,要充分考虑自闭症儿童的情绪,如果自闭症儿童抗拒或者害怕,教师要循序渐进地进行。可以先尝试两人都坐在平衡板上,然后再让儿童独立坐着,最后再让儿童学习站立。总之,教学过程需要循序渐进。

融合班级中,教师要组织好纪律,避免自闭症儿童和常态儿童之间的混乱导致危险的发生,这不利于教学活动的开展。同时,教师要做好分组,尽量让常态儿童带动自闭症儿童参与学习活动。

五、活动五:俯卧大龙球抓东西

(一)活动内容

活动准备:大龙球、玩具汽车或娃娃。

适应年龄:4~6岁。

活动要求:教师协助自闭症儿童俯卧在大龙球上,保持身体平衡姿势。教师把自闭症儿童喜欢的一个玩具放在大龙球前面,当大龙球滚动时,自闭症儿童要伸出双手触碰玩具,必要时可以使用会发声的玩具,以此帮助自闭症儿童分辨玩具所在的方位。刚开始时,玩具可以放得近一点,然后再慢慢将玩具放置得稍微远一点。

活动总结:

(1)活动中教师要始终保持身体协助,避免发生危险。

(2)如果自闭症儿童不懂得或者不能遵守游戏规则,教师可以使用口头提示或指导。

(二)专家建议

活动的实施过程中,教师要考虑自闭症儿童的情绪变化。对于实际的教学过程,教师可以尝试用其他物品分散自闭症儿童的注意力,或者循序渐进地开展活动,避免自闭症儿童出现恐惧或者害怕而无法参与学习活动的情况。循序渐进的过程中,可以先让自闭症儿童趴在地上,大龙球在自闭症儿童的背上滚动,然后可以让自闭症儿童坐在大龙球之上,最后才是让自闭症儿童站立或者俯卧大龙球。

融合班级中,教师要做好个别化训练的准备,让自闭症儿童和其他儿童排好队,每次只可以让一名儿童进行练习,然后循环往复,不断重复。目的是让每个儿童都有参与的机会,锻炼儿童的规则意识以及保证儿童的安全。

总之,自闭症儿童的动作习得过程,还需要自然化和生活化的游戏形式,进行适当的锻炼和学习,从而将学习内容生活化、学习形式自然化,最终更好地激发自闭症儿童参与学习活动的主动性,也更好地提高自闭症儿童的动作发展水平。

第七章　自闭症儿童社会交往能力的发展与教育

第一节　社会交往与社会交往障碍

美国社会学家库利直截了当地指出,一个人的自我是在与他人的社会交往中产生的,"他的社会性行为是通过与别人的交往获得的"。库利认为,自我不是通过个人、社会的途径产生的,而是社会交往的产物。一个人的自我意识是他对其他人对自己看法的反映。"如果没有'你''他'或'他们'的相对意识,也就没有'我'的意识。"①据此而说明,社会交往对于人的心理发展具有重要的作用,社会交往不仅有利于个体形成良好的自我意识,而且有助于个体更好地认识自己。

一、社会交往的概念

心理学的交往是指人与人之间的心理接触或直接沟通,由此而达到一定的认知;社会学的交往是指人们特意完成的交往行为,或者通过交往行为而形成的特定的社会关系;语言学的交往是指人与人之间以一定的规则进行的语言符号交流;哲学的交往是指人与人或与人群共同体之间为了实现变革世界和生存环境的目的,通过媒体、中介而开展的相互沟通、相互影响、相互渗透、相互制约、相互改造的各种实践活动和形成的普遍的社会关系。总之,交往一定是发生在人与人之间的一种活动。这种活动包括了人的语言、行为、动作、思维等方面。

---

① 成振珂,闫岑.社会学十二讲[M].北京:新世界出版社,2017.

社会心理学的社会交往是个人与个人、个人与团体或团体与团体之间的交互作用、交互影响的方式和过程。它是人类特定的现象,既是人类的一种机能,又是人类的存在方式。社会学的社会交往最根本的特征是人际互动,即交往双方在心理上和行为上的交互影响和交互作用。

也有学者提出,社会交往是实现社会化的必经之路,而能否有效参与社会交往依靠的是良好的社会交往能力。社会交往是个体的人能够适应社会环境、适应社会生活,担负一定的社会角色,完成一定的社会任务,适应社会、服务社会的重要途径,是人类的一种最基本的最重要的社会活动。

本节中所称的社会交往,是指个人与个人、个人与团体或团体与团体之间的交互作用。交互作用的过程中,必须表现一定的交互活动的能力,包括社交认知能力、社交沟通能力、社交控制能力等。

二、社会交往障碍的概念

个体参与社会交往的过程中,必须表现一定的社会交往能力,如合作、分享、轮流、遵守规则、解决冲突等,社会交往能力是个体工作和生活的必备技能。如果个体无法表现出预期的社会交往能力,就无法顺利地参与社会交往活动。此时,个体就存在社会交往方面的障碍。社会交往障碍包括了社交心理障碍、社交功能障碍、社交焦虑障碍等。

有学者认为,社会交往障碍是指社交情境中个体不能有效与他人交往、游戏,而独自一个人打发时间的行为。这类行为具有跨时间、跨情境的一致性,是儿童社会适应困难的一种典型表现。也有学者提出社会交往障碍是指相互交往中出现了影响因素,阻碍了正常的心理情感与行为的流通过程,使人际关系陷入了危机之中。

本节中所提到的社会交往障碍,是指个体不能很好地理解和使用有效的沟通技能进行社会交往,并缺乏眼神交流,难以理解正常的社交信号,包括身体语言、手势、面部表情等。

第二节　自闭症儿童社会交往能力的发展

社会交往障碍是自闭症儿童的核心障碍之一,主要表现为没有正常的交往性语言,不能恰当地利用语言、表情及动作表达自己的思想,不能很好地与同龄伙伴进行沟通交流,尤其是在发起话题、回应、眼神交流、分享玩具等方面存在困难。社会交往障碍也导致自闭症儿童无法参与正常的社会活动,不能得到社会的接纳与包容。

一、自闭症儿童社会交往能力的表现

肯纳[①]认为自闭症儿童的社会交往缺陷主要表现为两个方面:一方面,性格十分孤僻,拒绝与他人沟通和交流;另一方面,知觉对象的单一性占据意识中心。其实,自闭症儿童的社会交往能力与常态儿童相比而言,自闭症儿童更多缺乏基本的社交功能和社交技巧。

社交功能的缺陷,表现为自闭症儿童不能主动地与他人进行社会交往,不能与他人建立长久、稳定的伙伴关系;没有正常的交往性语言,缺乏社会性的互动,不能主动地与他人分享自己的喜悦、兴趣和成功;没有办法进行社会交往,具有极少的社会兴趣,对熟悉与陌生的人不会区分,表现出冷漠、无社会性微笑,与人没有目光接触。当自闭症儿童有需求时,不懂得如何进行基本的社交以及表达个人需求;遇到困难的时候,往往会出现尖叫声、痛苦表情、大笑不止等行为,甚至会出现自伤、自残的行为;甚至没有正常的社交性语言,不能主动地与他人分享自己的玩具、食物以及自己喜怒哀乐的心情,缺乏人际互动。

社交技巧的缺乏表现为不懂得如何利用动作、语言、表情等基本社交策略。早期阶段,自闭症儿童会表现出回避目光接触、对声音缺乏兴趣和反应、不愿意与人贴近等行为。随着年龄的增长,能力有所改善的自闭症儿童会表现出一点社会交往的兴趣和行为。但是交往行为较为单调而刻

---

①　美国精神科医生,通过对 11 名儿童的临床观察,发表了题为《情感交流的自闭性障碍》的论文。

板,对社交缺乏理解,对别人的情绪缺乏反应,不能根据社交场合调整自己的行为。当亲人离开时,自闭症儿童没有表现出分离焦虑,对陌生人的出现也不会表现出焦虑。不能理解他人的情绪情感,不能适当地向他人表达自己的情绪情感。同时,自闭症儿童在对他人心灵的解读能力方面,具有明显的缺陷。

总之,自闭症儿童的社会交往能力较差,不能与常态儿童进行基本的社交活动,包括游戏、建立伙伴关系、解读情绪等。自闭症儿童的社交缺陷与自闭症儿童的语言障碍、认知障碍、情绪与行为障碍之间存在必然关系,多重障碍之间交互影响,共同制约自闭症儿童社会交往能力的发展。

二、自闭症儿童社会交往能力的特点

自闭症儿童社会交往能力主要表现在缺乏社交功能,即自闭症儿童的动作和言行不能起到社交的目的;缺乏社交技巧,即不懂得如何利用眼神、动作等传递社交信号;等等。具体而言,自闭症儿童社会交往能力主要表现为如下特点。

(一)不能进行社会交往

自闭症儿童虽然能够听到声音,经过适当的训练也能够讲话,也有情绪和表情,甚至视力范围正常。但是,自闭症儿童却不能够利用语言、表情、眼神以及动作参与基本的社交活动。自闭症儿童在大部分时间里,喜欢一个人独自游戏,过度地关注玩具本身而非玩具的功能,即使有需求的时候,也无法主动发起请求、无法表达个人需求、无法建立社交活动。

(二)不能建立伙伴关系

自闭症儿童不懂得如何与同伴建立关系,甚至不懂得如何发起游戏主题;即使别人发起游戏主题,自闭症儿童也不懂得如何参与。当自闭症儿童有玩具的时候,也不懂得如何与人分享;即使有同伴向自闭症儿童分享玩具,自闭症儿童也不懂如何接受别人的分享。因此,自闭症儿童无法与同伴建立良好的伙伴关系,不能被同伴所接受。

(三)无法表现出对亲人分离的焦虑

当父母离开时,常态儿童都会表现出适当的焦虑。但是,自闭症儿童面对父母的离开,不会表现适当水平的分离焦虑。即使父母长期离开,自闭症儿童也不会表现出对父母的渴求。在个别案例中，个别高功能的自闭症儿童会在父母离开的几分钟之内，表现出一丝焦虑。当父母完全离开以后，即使很久都未曾出现，个别高功能的自闭症儿童依然会表现得很平常、自然，似乎父母根本就没有离开自己，不会主动寻找父母。

（四）不能理解他人的感情变化

自闭症儿童在参与社交活动时，常常不懂得如何了解同伴的情感变化。即使同伴不喜欢这个话题了或者同伴对游戏内容感到乏味了，自闭症儿童还是会刻板地继续某个话题，甚至持续进行某个游戏，不懂得变通或者考虑同伴的感受。也正是因为有这样的问题，才导致更多的常态儿童不愿意与自闭症儿童互动或者共同游戏。

总之，自闭症儿童的社会交往能力有独特的特点，与常态儿童相比有较大差异，严重影响自闭症儿童的社会交往活动。同时，社会交往能力不足，也与多方面障碍之间有着必然的关系。因为，社会交往能力的表现，需要多个心理活动的共同参与。所以，教师对自闭症儿童进行教育支持的同时，要调动自闭症儿童多个心理活动的共同参与。

第三节　自闭症儿童社会交往能力的评估

自闭症儿童社会交往能力的评估，主要是考量自闭症儿童是否具备基本的社交能力，能否正确使用社交技巧以及社交礼仪，能否正确与人进行社会沟通。而社交能力的评估，一定要在良好的社交环境内进行才是最为恰当的，要让自闭症儿童置身真实的环境中，表现真实的社交行为。

一、自闭症儿童社会交往发展领域的评估工具

有关自闭症儿童心理发展水平的评估量表，包括《心理教育评定量表》《自闭症儿童发展评估表》《自闭症行为评估量表》《儿童自闭症评定量表》《韦氏学前儿童智力量表》《克氏行为量表》《儿童适应行为量表》等。

《心理教育评定量表》中，社会交往领域评估项目共47项，分为社交前基本能力、社交技巧与社交礼仪三部分，主要评估儿童社交中非口语能力、认识自己、评价自己、控制自己、与照顾者的互动、与陌生人的互动、表

示抱歉与表示称赞、自我介绍等方面的能力现状与需求。

二、自闭症儿童社会交往发展领域评估项目与内容举例

本节结合不同的评估工具,对自闭症儿童社会交往发展领域的评估操作过程进行了简要的汇总(表7-1)。

表7-1 评估项目与评估内容

评估项目	评估内容
认识镜子中的自己	测试员在距离儿童面前1m的距离内放置镜子,调整位置到刚刚能正面照到儿童,观察其反应
知道与回答父母的名字	测试员问儿童:"××(儿童的名字),你爸爸叫什么名字?"或"你妈妈叫什么名字?"
请求照顾者帮助拿自己想要的东西	测试员拿着儿童喜欢的食品或玩具,故意从儿童面前走过(保证儿童已经注意到),然后将食品或玩具放在桌子上,观察儿童的反应
分享	测试员B邀请儿童和他一起玩积木,两个人使用这些积木搭房子,测试员B设计情境,故意想要儿童手里的积木,测试员A观察儿童的反应
用"叔叔好,阿姨好——"回应别人的问候(你好)	测试员对儿童说"你好",观察儿童的反应。如果儿童没有反应,测试员再说一次
用"你好",握手并用"早上好、晚上好——"回应别人的问候	如果是在上午进行测试,测试员对儿童说"早上好",观察儿童的反应。如果在下午测试,测试员对儿童说"晚上好",如果儿童没有反应,测试员再说一次
妈妈离开时,儿童盯着妈妈并双手臂上下摆动	测试员让儿童的妈妈和儿童告别,要求妈妈对儿童说;"××,拜拜。"并向后退,观察儿童的反应
妈妈离开时,儿童迈步追,并向前伸开手臂	测试员让儿童的妈妈和儿童告别,要求妈妈对儿童说:"××,拜拜。"并向后退,观察儿童的反应
妈妈离开时,说"拜拜"但表情显出不愿意	测试员让儿童的妈妈和儿童告别,要求妈妈对儿童说:"××,拜拜。"并向后退,观察儿童的反应
用"妈妈,再见"表示告别	测试员让儿童的妈妈和儿童在电话中告别,要求妈妈对儿童说:"××,再见。"观察儿童的反应
弄坏别人的东西,会说"对不起"	测试员将折好的纸青蛙小心翼翼地放在儿童面前,对儿童说:"这个青蛙,给你玩。"儿童一拿,纸青蛙坏了,观察儿童的反应
当别人做事做得好时,口头称赞别人或通过动作称赞别人	测试员将白纸和笔给儿童,让儿童画画,测试员要先观察儿童画的是什么,然后测试员画和儿童画的一样的事物,并且一定要比儿童画得更好。画好后,和儿童的画比较,观察儿童的反应

教师或者父母可以根据实际情况以及自闭症儿童的实际能力,有所侧重地进行评估,也可以选择适当的项目进行评估,还可以自己设定相关游戏内容进行评估。评估过程中,需要结合具体情况灵活应对,更需要采取多种方法的相互结合。

三、注意事项

自闭症儿童社会交往能力的评估应注意以下几方面:

第一,评估过程中注重联系生活中的实物进行评估;

第二,评估过程注意引导语和动作的支持;

第三,借助游戏的方式进行评估,通过游戏过程反映自闭症儿童的社会交往能力;

第四,结合观察、访谈等评估方式,综合评价评估结果。

第四节　自闭症儿童社会交往能力的教育支持策略

自闭症儿童社会交往能力的教育支持不能脱离具体的情境。因为自闭症儿童对于抽象的事物理解较差,不利于提升社交能力,也不利于养成基本的社交技巧。所以,教育支持要通过具体的生活实践、游戏实践,达到与自闭症儿童沟通、交流的目的,在思想情感和行为方面产生相互影响。

一、以儿童为中心建立社交游戏

游戏的主题应来源于自闭症儿童个体的兴趣并且由自闭症儿童来选择何时开始和结束这个游戏活动。因为社交导向的促进者和家长早已意识到社交回避是自闭症儿童社会交往中的关键问题。所以,必须以自闭症儿童为中心,努力将自闭症儿童的兴趣作为学习的起点。

（一）听从儿童的意愿和兴趣

当自闭症儿童对他们感兴趣的某个物品特别关注时，许多传统的教育方法都试图转移儿童的兴趣，从而扩大他们的兴趣范围。如果将这些兴趣作为进入自闭症儿童世界的途径，通过这个途径形成一种联系，可以为更多的自闭症儿童表现自发性、多变性的社会性行为做准备。

教师要善于让自闭症儿童自己选择教具或者玩具，关注自闭症儿童在游戏活动中所表现出来的兴趣。例如，教师没有设计积木游戏，但是自闭症儿童自己要选择积木游戏，教师和父母就要利用积木游戏与自闭症儿童进行互动。当自闭症儿童的积木塔倒塌的时候，自闭症儿童会表现出喜悦或悲伤的面部表情，有时会伴有言语。此时，教师和父母需要再现这种游戏情景，并且要努力"激化紧张局势"来重新创建相同的情感反应，激发自闭症儿童的言语反应和行为表现。自闭症儿童喜欢的游戏活动或者玩具以及教具，就是最好的激发兴趣的工具，兴趣又可以带动情绪或者其他心理活动的表现。

情景 7.1

今天汤姆（化名）的积极性有点不高，不过汤姆的配合度还是很好的。今天汤姆最感兴趣的游戏就是玩撞击瓶子的游戏，玩游戏的过程中我们不断变换瓶子的位置，让游戏有难度。当汤姆能够击倒瓶子的时候，我们就一起高兴地大叫，游戏氛围变得很愉快，但是当瓶子没有被击倒的时候，汤姆就很着急，而且会故意捣乱。但是，我会依然坚持游戏规则，不允许汤姆破坏游戏规则。放学的时候，我让汤姆自己收拾玩具，并且向教师道别方可离开教室。

教学片段中教师比较关注汤姆的兴趣，利用兴趣作为教学的切入点，激发汤姆互动性的社会性行为。但是，对于汤姆的不良行为，教师也要进行关注，及时纠正和适当地引导。

（二）对于儿童的行为进行回应并且密切关注

第二个有助于促进自发性兴趣出现的重要因素就是采用一种回应性

行为。这种回应性行为是指儿童做出一个行为后,成年人对此所做出的反应以及行为的强度。

当自闭症儿童表现积极的正向行为时,教师和父母要给予关注,并且表现出较为夸张的表情,来激发自闭症儿童的兴趣和动机,期望下一次同样的行为继续出现。例如:自闭症儿童看到墙壁上的花朵掉了,便立刻捡起来交给教师。此时,教师和父母不仅要有言语回应,还应该伴有夸张的表情。当自闭症儿童表现自伤行为或其他异常行为时,教师和父母也要给予适当的关注和重视。因为,这些行为本身也是一种信号,在暗示着自闭症儿童有某种需要。所以,教师和父母要尝试去理解自闭症儿童所表现的异常行为所代表的社交信号,并针对其需求给予适当的回应。

情景7.2

放学的时候,汤姆(化名)不肯回家,一直拉着妈妈的手向教室内走去,汤姆的妈妈也觉得奇怪。原来汤姆只是想让妈妈帮自己带走教室内的一个红色的气球。但是,汤姆没有像同龄儿童一样主动讲述。不过,我还是建议汤姆的妈妈先让汤姆讲一下或者发一个"qi"的音再将气球给他。汤姆刚开始还是很吃力,不过后面的一次偶然的发音,与目标音很接近,于是我们就把气球奖励给汤姆,作为一种物质鼓励。

任何行为本身都是有意义的,是一种无声的语言。自闭症儿童不懂得用语言进行沟通或者表达个人的主观需求。但是,自闭症儿童有自己独特的表达方式,就是用行为表达个人的需求和意图。教师应该关注自闭症儿童的行为,并且利用这个契机与自闭症儿童建立良好的师生关系。

二、积极的态度促进更深层次的社交行为

促进一个个体真诚地、自发性地表现积极的社会性行为的一个重要因素就是积极的态度。因此,教师和父母要以接受自闭症儿童一切的积极态度面对自闭症儿童的行为表现。真诚的赞美和鼓励要建立在教师和父母的接受度的基础之上。只有对自闭症儿童使用赞美与鼓励性的言语,自闭症儿童才会表现一些更好的社会性行为。

教师和父母面对自闭症儿童的作品或学习结果时,要表示出赞美和

鼓励性的行为。自闭症儿童即使表现了微不足道的学习行为,教师和父母也应该以赞美和鼓励的态度面对自闭症儿童的进步,用赞美和鼓励引导自闭症儿童参与融合性的教育活动。

情景 7.3

今天汤姆(化名)上课时候的表现和上次差不多,还是会有一点自作主张的行为,而且很活跃,似乎有点失控,经常会不听指令。对此,我还是会坚持自己的原则,给汤姆一点适当的惩罚,经过惩罚以后,汤姆的情绪会好一点。不过,每次结束某一个汤姆喜欢的游戏活动的时候,汤姆都会撒娇一般地说不要结束游戏活动。我就会鼓励汤姆,夸奖汤姆是一个听话的小朋友,希望汤姆不要过于执着和任性。但是,我偶尔也会听从汤姆的意见,作为一种鼓励和支持,希望汤姆能够表现更多积极的行为。

只有一个接受性的态度才会使得自闭症儿童经常保持一个回应性的互动行为。也就是说,不要给自闭症儿童贴标签,或者对自闭症儿童的身心发展状况带有任何判断性的言语。正因为如此,教师和父母应该给予自闭症儿童真心的守护,而不是强迫性的改变。守护的深层含义就是爱,爱自闭症儿童的一切,真心的爱可以换回更多的回报。对于自闭症儿童而言,最恰当的教育方法就是"爱",用爱心激发自闭症儿童的行为和情感的共鸣。所以,守护是爱的表现,爱要源于真心!

三、利用重复性的行为来促进社交互动

传统意义上,对于自闭症儿童的刻板性行为或重复性行为要经常采取矫正的方式进行处理,只有自闭症儿童的异常行为得到控制,才可能被常态人群接纳。然而,在整个矫正过程中,教师和父母就已经否定了自闭症儿童所表现的行为功能。其实,自闭症儿童所表现出的重复性的自我刺激行为并不是混乱的或者无用的,这些行为正在帮助自闭症儿童调节自己的行为系统,并达到体内平衡的目的。

重复的行为对自闭症儿童而言是有帮助的,并不是实际上随意的、混乱的、毫无意义的行为。如果自闭症儿童对某些物品感兴趣而经常重复某些行为时,教师和父母也可以模仿同样的行为,以此激发自闭症儿童对

教师和父母的关注。例如：母亲每天用 20 分钟的时间模仿自闭症儿童的游戏行为，一直持续两周，自闭症儿童便能够在游戏中长时间盯着他的母亲，自闭症儿童的游戏行为也更加具有创造性。即使在两周之后，自闭症儿童盯着母亲的脸以及在游戏创造性方面仍然有持续增长的现象。

情景 7.4

今天汤姆（化名）来到学习室并没有哭闹，而且还自己主动敲门，似乎很着急上课。我主动邀请汤姆进入学习室，进入学习室以后汤姆还想出去，我没有同意。汤姆在学习室内开始变得很兴奋，而且不停地跑动和跳动，我也尝试模仿汤姆的动作，不断重复地跑动和跳动。渐渐地汤姆停了下来，我就要求汤姆每次数 3 个数，然后要求汤姆跳一下。就这样，慢慢汤姆进入状态，能够在意我的指令，我们之间逐渐能够形成配合。这样的学习效果很好，汤姆也觉得很开心。后面，我尝试与汤姆做互相推球的游戏，效果不是很好，汤姆没有推球的意识，只是随意拿球玩弄。

就教学片段的内容而言，在教学初始阶段，教师可以巧妙利用重复性的行为，成功引导自闭症儿童参与学习活动。因为重复性的行为是所有儿童身心发育过程中自然性的一部分。皮亚杰提到，常态婴儿的发育过程中会出现大量有节奏的以及刻板的行为，每一个刻板行为都带有典型的年龄特点，随着年龄的增长而逐渐减少。有学者观察了两组自闭症儿童的重复性行为，他们发现年幼的自闭症儿童（2～4 岁）表现出源于感官刺激的重复性行为，而其他年长的自闭症儿童（7～11 岁）有更复杂的重复性行为。所以，自闭症儿童表现的重复性行为，在某种程度上也可以视为是一种生理上的自然反应，教师和父母不必过度关注。但是，教师可以利用这样的重复性行为，更好地与自闭症儿童建立社交关系。

第五节　自闭症儿童社会交往能力的教育支持活动

自闭症儿童社会交往能力的发展需要一定的教育支持策略，同时也要有具体的活动作为平台。自闭症儿童社会交往能力的教育支持活动,主要建立在游戏的基础上,通过调动多方面的心理活动而共同发展。

一、活动一:理发师

(一)活动内容

活动准备:梳子、玩具剪刀。

适应年龄:5~7岁。

活动要求:教师提示自闭症儿童准备上课,并且练习基本的上课常规。教师引导自闭症儿童回忆理发师怎样给自己理发,并做好示范。教师创设情境,与自闭症儿童互动,要求自闭症儿童为自己理发。如果自闭症儿童无法做出正确的行为,教师将引导自闭症儿童完成指令。如果自闭症儿童能够顺利完成指令,教师可以邀请常态儿童一同进行游戏。

活动总结:

(1)活动本身是希望自闭症儿童能够表现一定的社交功能和社交技巧。但是,教师可以尝试利用多种方式方法,调动自闭症儿童参与的积极性,以及提升自闭症儿童对活动的理解水平。

(2)学习过程中教师要充分调动自闭症儿童的积极性,避免自闭症儿童因为缺乏学习兴趣而主动放弃或者流于形式。

(二)专家建议

理发师的活动设计是源于幼儿园的游戏课。对于自闭症儿童而言,这个活动可能带有一定的难度。因此,教师在设计活动的时候,可以先尝试由教师为自闭症儿童理发,引起自闭症儿童的回忆和兴趣。在此基础上,教师再尝试进行基本的社交活动,包括言语交流、付钱、行为互动等方面。同时,教师也要创设情境,尽量激发自闭症儿童的学习兴趣。

融合班级中,教师可以让常态儿童带领自闭症儿童参与学习活动。良好的游戏氛围中,常态儿童通过动作示范和协助,引导自闭症儿童参与学习活动,让自闭症儿童在学习活动中感受游戏的乐趣。

二、活动二：包饺子

（一）活动内容

活动准备：橡皮泥。

适应年龄：4～5 岁。

活动要求：教师提示自闭症儿童准备上课，并且练习基本的上课常规。教师引导自闭症儿童搓揉橡皮泥，并且通过反复的压、搓等动作，完成对橡皮泥的加工过程。教师与自闭症儿童比较各自橡皮泥的长短、大小，并且假装包饺子。游戏过程中，教师可以尝试引导自闭症儿童了解饺子是什么馅的，发挥自闭症儿童的想象力。

活动总结：

（1）包饺子的活动对于自闭症儿童多方面的能力都要求较高。对于教师而言，不要过度强调活动结果，要更加注重互动过程。

（2）学习过程中教师要利用活动，启发自闭症儿童表现更多的社会性行为。

（二）专家建议

教师在设计活动的过程中，也可以将橡皮泥换成真正的面团，让自闭症儿童有真实的感受。学习过程中，教师可以根据自闭症儿童的能力适当加入概念因素，包括大小、长短、颜色。但是，不必过度强调概念认知。关键是在学习活动过程中，自闭症儿童的真实感受很重要。

融合班级中，教师可以引导常态儿童与自闭症儿童一同包饺子。游戏过程中，常态儿童做出正确的动作示范，引导自闭症儿童进行模仿，如果自闭症儿童无法模仿，教师也可以让常态儿童协助自闭症儿童进行学习。学习过程中，需要自闭症儿童感受整个游戏活动的氛围，以及积累与常态儿童之间的互动经验。

三、活动三:打电话

(一)活动内容

活动准备:电话玩具。

适应年龄:4～5岁。

活动要求:教师提示自闭症儿童准备上课,并且练习基本的上课常规。教师分给自闭症儿童一个电话玩具,引导自闭症儿童拨电话号码,并且引导自闭症儿童接听电话进行基本的互动,教师尽量要求自闭症儿童能够表述"你好""再见"等词汇。如果自闭症儿童能力较好,可以邀请几位常态儿童一同游戏。

活动总结:

(1)电话游戏主要是引导自闭症儿童有参与社会活动的意识。对于无语言能力的自闭症儿童,教师不必过度强求自闭症儿童有语言反应。

(2)学习过程中教师要利用多种方式引导自闭症儿童参与游戏活动,注重利用活动的娱乐性引导自闭症儿童表现更多的社会性行为。

(二)专家建议

教师设计的游戏活动要具有娱乐性,避免传授知识的意味过重,导致自闭症儿童缺乏学习的兴趣。学习过程中,教师可以使用真实的电话作为教具,也可以尝试用不同类型的手机作为教具,同时也可以尝试自己创造教具。教具本身就是一个吸引自闭症儿童参与游戏活动的工具,通过学习而使工具带有教育意义。因此,教师要注意把握教具的尺度。

融合班级中,教师可以将常态儿童进行分组,让常态儿童使用电话与自闭症儿童进行交流。虽然距离很近,但是要创设使用电话的情境,增强学习活动的真实性,吸引自闭症儿童的学习兴趣。游戏过程中,不要过度强调自闭症儿童的言语回应,要更多关注自闭症儿童的社会性行为表现。

四、活动四:做面条

(一)活动内容

活动准备:橡皮泥、玩具刀。

适应年龄:4~5岁。

活动要求:教师提示自闭症儿童准备上课,并且练习基本的上课常规。教师引导自闭症儿童搓压橡皮泥,并且通过反复的揉压,使橡皮泥发生变化。教师继续引导自闭症儿童将橡皮泥切好,假装进行煮面条的行为,并且互相品尝对方的面条。

活动总结:

(1)做面条的游戏需要自闭症儿童有较好的精细动作和理解能力,对于无法完成活动的自闭症儿童,教师不要过度强求。

(2)活动本身是需要自闭症儿童能够有较好的互动行为,包括分享、赞扬等行为技巧。

(二)专家建议

活动过程中教师同样可以尝试使用真实的面团作为教具,在活动过程中教师可以根据自闭症儿童的能力适当加入概念学习,包括大小、长短、颜色等。同时,在活动过程中教师可以充分锻炼自闭症儿童的精细动作,让自闭症儿童能够进行揉、搓等基本动作的练习。

融合班级中,教师可以引导常态儿童组织游戏活动,让常态儿童分发教具,并且引导自闭症儿童参与游戏活动。活动过程中,常态儿童可以为自闭症儿童做示范,引导自闭症儿童进行模仿;常态儿童也可以与自闭症儿童进行合作,共同操作教具进行实际操作。不要刻意强调自闭症儿童的语言回应,要更多关注自闭症儿童的社会性行为。

五、活动五:传球找朋友

(一)活动内容

活动准备:椅子、足球。

适应年龄:6～7岁。

活动要求:教师提示自闭症儿童准备上课,并且练习基本的上课常规。教师让自闭症儿童分别坐到三个角落,要求自闭症儿童举手表示自己对玩球的需要。教师把球传给想要玩的自闭症儿童,并且要求自闭症儿童也模仿教师的动作,和其他自闭症儿童互相传递足球,教师对自闭症儿童的动作进行指导。

活动总结:

(1)活动过程中主要让自闭症儿童对互动游戏产生兴趣,教师不必刻意强调自闭症儿童主动表达需求的行为。

(2)学习活动过程中教师要善于激发自闭症儿童对游戏的兴趣。

(二)专家建议

教师在组织活动的过程中,注意引导自闭症儿童理解肢体动作和语言指令,如果自闭症儿童对语言指令的理解能力较差,教师要多引导自闭症儿童用肢体动作表达个人需求。通过不断的练习,引导自闭症儿童对游戏活动的兴趣,以及能够了解肢体动作的基本意义。同时,教师可以拓展游戏活动的内容,开展更多形式的游戏活动,激发自闭症儿童利用肢体动作表达需要。

融合班级中,常态儿童的动作示范很重要,可以通过常态儿童的动作示范引导自闭症儿童进行模仿。如果自闭症儿童无法参与游戏活动,常态儿童要进行动作协助,辅助自闭症儿童在接球前用动作向教师表达个人需求。整个游戏活动过程中,自闭症儿童的参与程度最为重要。希望通过参与游戏活动,激发自闭症儿童更多的社会性行为。

综上所述,针对自闭症儿童社会交往能力的发展情况提供的教育支持活动,是以促进多个心理发展水平为基础的,只是在活动的具体实施的过程中侧重自闭症儿童的社会交往能力的发展。具体的活动实施过程中,教师可以根据自闭症儿童的实际需求,对活动内容和活动目标进行适当调整。

参考文献

[1]车小静.自闭症儿童用筷训练研究[J].教育导刊(下半月),2019(5)：42～44.

[2]陈顺森.自闭症儿童的社会性注意面孔偏向注意与加工[M].厦门：厦门大学出版社,2017.

[3]陈为玮,朱小烽,张虹雷.自闭症谱系障碍儿童运动功能评估与干预研究进展[J].中国体育科技,2022(6)：3～9.

[4]陈为玮,朱小烽,张虹雷.自闭症谱系障碍儿童运动功能评估与干预研究进展[J].中国体育科技,2022(6)：3～9.

[5]董晓晓.孤独症"行为与脑协同改善"运动干预模式的构建与验证研究[D].江苏：扬州大学,2023.

[6]杜志强.特殊儿童发展与学习[M].北京：高等教育出版社,2016.

[7]凤华,周婉琪,孙文菊,等.自闭症儿童社会情绪教育实务工作手册[M].重庆：重庆大学出版社,2015.

[8]韩建忠,代志宏.自闭症儿童校园社交专注力训练手册[M].成都：四川科学技术出版社,2017.

[9]韩一豪.球类组合运动结合体育游戏对自闭症儿童运动能力的干预研究[D].山西：山西大学,2022.

[10]贾玥.自闭症儿童姿势控制能力的比较研究[J].中国实验诊断学,2015(1)：123～124.

[11]雷显梅,刘艳虹,胡晓毅.运用体感游戏干预自闭症儿童动作技能的研究[J].现代特殊教育,2016(17)：36～42.

[12]雷秀雅.自闭症儿童教育心理学的理论与技术[M].北京：清华大学出版社,2012.

[13]李娟.儿童感觉统合训练[M].北京：中国妇女出版社,2016.

[14]李晓燕.自闭症儿童交流性言语研究基于个案的追踪[M].杭州:浙江工商大学出版社,2016.

[15]连翔.自闭症儿童心理发展与教育[M].上海:复旦大学出版社,2018.

[16]刘晶秋.自闭症儿童的音乐疗法[M].北京:科学出版社,2015.

[17]刘容,温继鹏,杜熙茹,等.自闭症儿童康复韵律操创作的可行性分析[J].体育时空,2016(4):166,168.

[18]刘学兰,李艳月.自闭症儿童的教育与干预[M].广州:暨南大学出版社,2012.

[19]陆艳,李宁.自闭症儿童教育案例研究[M].北京:九州出版社,2019.

[20]穆冠荣.如何应用体感游戏干预自闭症儿童的动作技能[J].课程教育研究,2017(11):69.

[21]庞艳丽,卜瑾,董良山.自闭症谱系障碍儿童动作发展障碍研究述评[J].中国特殊教育,2018(4):46～52.

[22]庞艳丽.自闭症儿童动作发展障碍及干预研究[M].武汉:华中师范大学出版社,2022.

[23]仝慧琪,于华章.感知觉统合无器械训练[M].成都:电子科技大学出版社,2018.

[24]王辉.特殊儿童教育诊断与评估(第3版)[M].南京:南京大学出版社,2018.

[25]王淑荣.自闭症儿童语言与社会交往能力训练[M].北京:中国轻工业出版社,2015.

[26]魏寿洪.自闭症儿童沟通技能指导手册[M].重庆:重庆大学出版社,2019.

[27]魏正勃.自闭症儿童交际障碍诊断与矫治系统设计和应用[D].陕西:西安电子科技大学,2018.

[28]邢玉.大肌肉运动技能学习对自闭症谱系障碍儿童基本运动技能的影响[J].首都体育学院学报,2020(1):13～17.

[29]徐云.自闭症儿童的早期发现、干预、教育研究进展[M].北京:科学出版社,2017.

[30]闫美霖.4～5岁中度自闭症儿童粗大动作发展运动方案的设计研究[D].河北:河北师范大学,2022.

[31]于港仕,周潇龙.大生活教育课程自闭症儿童感觉统合训练理论与活动设计[M].青岛:中国海洋大学出版社,2022.

[32]于文,王桂香,张瑶.自闭症儿童教育实践与案例[M].北京:经济科学出版社,2013.

[33]袁玉萍,李菲菲.自闭症儿童动作技能干预的研究进展[J].中国特殊教育,2021(5):44～52.

[34]袁玉萍.自闭症儿童动作序列的内隐学习及干预研究[D].浙江:浙江师范大学,2022.

[35]翟洪磊.基于沉浸理论的自闭症儿童手部体感交互训练产品设计[D].河北:燕山大学,2020.

[36]张祥杰.体育游戏干预自闭症儿童粗大动作能力及脑效应连接的实证研究[D].山东:山东体育学院,2023.

[37]张宇.学前儿童感觉统合训练[M].上海:上海交通大学出版社,2017.

[38]钟荷润.基于自闭症儿童认知和行为特征的玩具设计研究[D].湖北:湖北工业大学,2023.